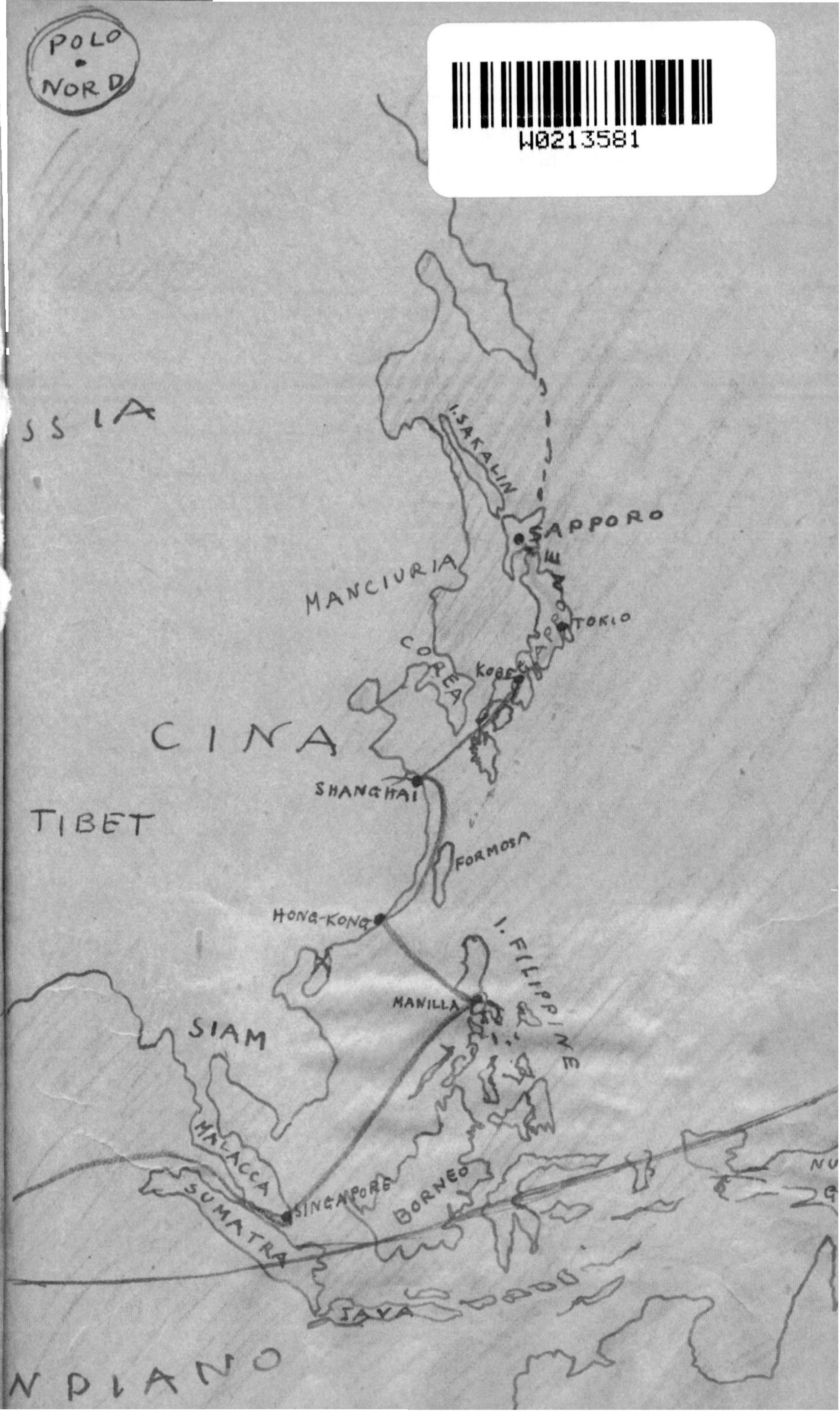
POLO NORD
SSIA
I. SAKALIN
SAPPORO
MANCIURIA
TOKIO
COREA
KOBE
CINA
SHANGHAI
TIBET
FORMOSA
HONG-KONG
I. FILIPPINE
MANILLA
SIAM
MALACCA
SUMATRA
SINGAPORE
BORNEO
JAVA
NDIANO

Dacia Maraini

Ein Schiff nach Kobe

Dacia Maraini

Ein Schiff nach Kobe

Das japanische Tagebuch meiner Mutter

Aus dem Italienischen
von Eva-Maria Wagner

Piper
München Zürich

Die Originalausgabe erschien 2001 unter dem Titel »La nave per Kobe. Diari giapponesi di mia madre« bei Rizzoli in Mailand.

Von Dacia Maraini liegen bei Piper außerdem vor:

Bagheria. Eine Kindheit auf Sizilien
Der blinde Passagier an Bord. Nachdenken über ein nie geborenes Kind
Erinnerungen einer Diebin
Liebe Flavia
Nachforschungen über Emma B.
Stimmen
Die stumme Herzogin
Kinder der Dunkelheit
Tage im August

ISBN 3-492-04489-1

Gesetzt aus der Palatino
Satz: Uwe Steffen, München
Druck und Bindung: Kösel, Kempten
Printed in Germany

www.piper.de

Es muß mein Schiff zu Mitternacht im Kalten
Durch Skylla und Charybd auf wilden Seen
Hoch mit Vergessenheit beladen, gehen,
Das Steuer hat mein Herr und Feind erhalten,

Gedanken, schnell und kühn, die Ruder halten,
Die scheint es, Sturm und Untergang verschmähen;
Und Seufzer, Hoffnungen und Wünsche wehen
Als feuchte Stürme, die die Segel spalten.

Francesco Petrarca, *Le rime*

Die Erinnerungen, diese zu langen Schatten
Unseres kurzen Körpers.

Vincenzo Cardarelli, *Passato* aus *Poesie*

Wasser – wird durch Durst gelehrt.
Land – durch überquertes Meer.
Verzückung – durch Weh –
Frieden – durch Schlachtgedenken –
Liebe, durch Grabes Erde –
Vögel, durch Schnee.

Emily Dickinson, *Poetry*

Mein Vater überreichte mir eines Tages diese Tagebücher mit den Worten: »Sie haben viel mit dir zu tun, nimm du sie.« Ich begann, sie durchzublättern, und während ich Seite um Seite aufschlug, überkam mich Rührung. Die Vergangenheit hat die Fähigkeit, dich durch ein Foto, einen Brief hinterrücks zu überfallen. Sie erzählt dir von einer Zeit, die es nicht mehr gibt, die aber nichtsdestotrotz mit ungeahnter Lebendigkeit und Kraft plötzlich vor deinen Augen auftaucht. Sie raunt dir Geschichten ins Ohr von einem längst entschwundenen Teil deines Ichs, den du für tot hieltest und der statt dessen in irgendeinem Winkel deines Gedächtnisses geschlummert hat. Dieses Kind bin ich, sage ich zu mir, aber ich bin es doch nicht mehr. Ich habe diesen Körper für immer verloren, der auf den Fotos so wirklich, so deutlich und dauerhaft zu sein scheint. Heute sitzt ein neuer Körper in der Sonne: verbraucht, gekränkt von der Zeit und den Erfahrungen, verwundet wie ein alter Soldat, der zu viele Kriege mitgemacht hat, und er versucht, ein Blut zu erwärmen, das mit nervtötender Langsamkeit zirkuliert.

Was habe ich mit diesem fernen kleinen Mädchen gemein?

Ich gebe zu, daß mir nicht mehr viel an ihm liegt. Es ist tot, sei's drum. Erwachsen zu werden hat mich genug Mühe gekostet, so daß ich dieses Mädchen beinahe wie eine ferne Feindin empfinde.

Das, was mir damals Kummer bereitete und mich heute noch schmerzt, ist hingegen der Verlust der so überaus frischen, zarten und weit zurückliegenden Jugend meiner Mutter. Die Jugend meiner Mutter ist mir fast teurer als meine eigene, sie ist wesentlicher Bestandteil einer Mythologie, an die ich mich klammere, um an die Wirklichkeit zu glauben.

Als Kind erklärte mir jemand, vielleicht das Kindermädchen Masako Moriokasan, Okachan genannt, ich müsse schlafen, weil ich im Schlaf wachsen würde. Aber dann fügte sie hinzu, nicht ohne ein Quentchen Bosheit, daß mein Wachstum meine Mutter altern ließe und daß das der normale Lauf der Dinge sei: Meine Kinderfüße würden groß und kräftig werden und den Körper meiner Mutter mit kleinen, sanften Tritten ins Alter stoßen.

Diese Nachricht beunruhigte und verletzte mich. Die Vorstellung, daß meine Mutter durch meine Schuld altern würde, war mir unerträglich. Also suchte ich nach Strategien, um die Zeit anzuhalten, die mich in die Jugend und meine Mutter ins reife Alter beförderte. Kurzum, ich wurde permanent von dem einen Gedanken beherrscht: Was konnte ich tun, um nicht zu wachsen oder wenigstens um diesen grausamen, unbewußten Wachstumsprozeß zu verlangsamen?

Die Lösung, so schien mir, war die, gar nicht erst

zu schlafen. Wenn Schlafen nämlich Wachsen bedeutete und mein Wachsen die Jugend meiner Mutter verkürzte, gab es nur die Möglichkeit, auf Schlaf zu verzichten. Auf diese Weise wäre ich immer Kind geblieben, und meine Mutter hätte auf dem Höhepunkt ihrer Jugend haltgemacht: eine fröhliche und zarte Frau mit entschlossenem Schritt und Händen, die immer in Bewegung waren. Lächelnd und froh. So notwendig für mein inneres Gleichgewicht und so unentbehrlich für mein uneingeschränktes Vertrauen in die Welt und meine Familie.

Ich glaube, daß aus jenem Vorsatz die Schlaflosigkeit herrührt, unter der ich seit jeher gelitten habe und die mich zu bestimmten Zeiten hartnäckig verfolgt. Ich neige dazu, wenig zu schlafen, und wenn ich schlafe, genügt ein Luftzug, um mich aufzuwekken, gerade so, als wäre jede dem Schlaf geopferte Stunde noch heute ein Angriff auf die schöne Gestalt und die Heiterkeit meiner Mutter.

Wie schmerzlich war es, feststellen zu müssen, daß meine Strategien wenig Sinn hatten. Auch wenn meine Mutter zehn Jahre jünger aussieht, als sie in Wirklichkeit ist, auch wenn sie immer noch eine kräftige Stimme hat und dichtes Haar, das, einstmals kastanienbraun, nach ihrem achtzigsten Lebensjahr grau geworden ist, aber noch nicht ganz weiß. Auch wenn ihr Verstand klar und unbeirrbar ist. Nicht ohne Grund gebe ich ihr, wenn ich zuviel zu tun habe, die eingetroffenen Neuerscheinungen zu lesen, damit sie eine erste Auswahl trifft. Ihre Bewertungen sind intelligent und sehr modern. Meine Mutter kennt keine Vorurteile. Mit ihrem gealterten Mädchenkopf befindet sie sich immer noch auf der Höhe der Zeit, wenn es um gesellschaftliche Fragen des Zusammenlebens geht. Und trotzdem konnte ich nicht verhindern, daß sie kleiner und zerbrechlicher geworden ist, daß sie Falten bekommen hat und Schmerzen wie jeder andere alte Mensch auch.

31. Oktober 1938. *In Brindisi gehen wir an Bord der »Conte Verde«,* schreibt meine Mutter in ihr Tagebuch: *Großmutter Yoi hat Dacia ein graues Mäntelchen gebracht – der Schnitt ist eher für einen Jungen geeignet –, in dem sie ganz allerliebst aussieht.*

Noch hört man den palermitanischen Tonfall in den Worten meiner Mutter. Die junge Sizilianerin, die man so gern dazu gebracht hätte, einen Grafen zu heiraten, machte sich mit einem Nichtsnutz aus Florenz auf und davon, einem blonden, kräftigen Habenichts mit widerspenstiger, in die Stirn fallender Haartolle, der seine Mutter über alles liebte und mit seinem Vater im Streit lag.

Die Abfahrt ist traurig, und wir sind alle todmüde. Dacia hat nicht genug geschlafen und ist schwierig und nervös.

Mein gutaussehender Vater Fosco, frischgebackener Akademiker, ohne einen Pfennig Geld, nur mit einem nicht gerade stattlichen, aber aufregenden Stipendium in der Tasche, warf vom Deck des Schiffes prüfende Blicke in das schäumende Meer, so als erwartete er, dort einen Drachenfisch mit riesengroßen Ohren auftauchen zu sehen. Die junge Topazia stützte zärtlich ihr Kinn auf seine Schulter, als wollte sie ihm dabei behilflich sein, die Sehnsucht nach Italien, nach Florenz, nach der heißgeliebten Mutter, nach dem Haus in Torre di Sopra zu vertreiben. Wer weiß, ob er daran zurückdachte, wie es zum Bruch mit seinem Vater gekommen war, der ihm eine Arbeit mitsamt einem Mitgliedsausweis der faschistischen Partei anbot, den Fosco auf der Stelle vor seinen Augen in tausend Stücke zerriß.

Wir sind nicht seekrank, schreibt meine Mutter, und sie sagt bestimmt die Wahrheit. Aber ich finde es trotzdem merkwürdig, weil ich immer unter Seekrankheit gelitten habe. Möglicherweise spürt ein Kind, das nicht viel älter als ein Jahr ist, die Übelkeit noch nicht so. Oder hing es damit zusammen, daß der Wind das Meer nur an der Oberfläche aufwühlte und der große eiserne Schiffsbauch mit ruhiger Entschlossenheit, ohne übermäßige Stöße, durch die Wogen glitt?

Anfang November. 1.–2. Es ist immer noch kühl, aber stündlich wird es wärmer. Wir sind nicht seekrank. Port Said – abends – es nieselt. Fosco will aus Angst vor Infektionen nicht an Land gehen. Ich will D. nicht ermüden, also bleiben wir an Bord.

Schon seit einer Woche befinden wir uns auf hoher See. Das Meer ist ruhig. Wir nehmen Kurs auf Süden. Port Said, das meine Eltern nicht besichtigen wollten, ist immer noch Gegenstand meiner Neugier. Diese beziehe ich lediglich aus einigen alten Fotos mit Rikschaläufern, Frauen in langen Röcken und mit Sonnenschirmen in den Händen, die einer Erzählung von Tschechow entsprungen zu sein scheinen, oder aus Fotos von einem großen Saal des heute zerstörten Hotels Victoria, in dem man Musiker im Frack auf einem Podest sieht, zwei oder drei Tischchen mit bestickten Decken sowie einige Palmen, die ihre langen gefiederten Blätter zu vier Fenstern mit Glasmalerei ausstrecken.

In solch einem Saal sollte ich später anläßlich von Filmaufnahmen eine Ingrid Bergman kennenlernen: Ihre sanften Augen spiegelten die Lichter wider, an ihrem Hals wippten kastanienbraune Locken. Was verzaubert dich so an einer Schauspielerin mit weichem Lächeln und kristallklarer Stimme? In ihr sah ich meine junge Mutter: die schlanken Beine, den Schnitt des taillierten Kostüms, die Schuhe mit dem flachen Absatz. Da eilte sie vorüber, mit einem braunen Filzhut, der ihre Stirn zum Teil verdeckte, und es schien mir, als erblickte ich eine ganze Generation von Frauen mit lautlosem Schritt und funkelnden Augen. Wohin gehst du? hätte ich sie gern gefragt… Wohin läufst du so eilig? Die Zukunft hat doch gerade erst angefangen, geh doch langsam!

An ihrer Seite ein Humphrey Bogart mit über die Schulter geworfenem Regenmantel und der ewigen Zigarette zwischen den Fingern. Aber er war anders als mein Vater, der sich nicht so anmutig bewegte, Bogart war eher sportlich, scheu, jungenhaft. Die Schönheit der beiden Stars war auf wundersame Weise an die Zeit gebunden, in der auch meine Eltern jung und schön waren. Da sind sie, in einem bewegten Bild, um die Freude am Leben zu verkörpern. Ob sich eine ähnliche Freude noch jemals wiederholen würde?

Der erste Geruch, den ich bewußt wahrgenommen habe und an den ich mich noch erinnere, ist der Geruch des Reisens. Ein Geruch von soeben geöffnetem Gepäck: Mottenkugeln, Schuhcreme und jener Duft, von dem die Kleider meiner Mutter, in die ich mit Wonne mein Gesicht vergrub, durchtränkt waren. Der Koffer, der einen großen Teil unserer Kabine einnahm, ließ sich wie die Kisten und Kasten der fahrenden Künstler von einst öffnen: Es war ein richtiger Schrank aus leichtem, solidem Holz, der mit Messing beschlagen war. Wenn man ihn aufstellte und aufklappte, fungierte er als Kleiderschrank mit Schubladen an den Seiten und einer Stange in der Ecke, an die man die Bügel mit den Kleidern und Jacken hängen konnte. Es gab sogar noch Platz, um sich hinter dem zugezogenen Vorhang zu verstecken, und für mich als Kind war das ein erregender Schlupfwinkel, so mitten im Lavendelduft der mütterlichen Wäsche.

Auf Seite 3 befindet sich die Karte, die den Weg der »Conte Verde« von Brindisi nach Japan beschreibt: Port Said, Aden, Bombay, Colombo, Singapur, Manila, Hongkong, Shanghai, Tokio, Sapporo. Die künstlerische Hand einer jungen und abenteuerlustigen Mutter hat die Route einer Reise aufgezeichnet, die unser Leben prägen wird. Es sind Linien, Striche, Wellen, wie sie die Handfläche markieren gleich den Spuren eines Schicksals. Und es ist ein Schicksal, das orientalische Wurzeln hat.

Ein nur langsam vorankommendes Schiff, ich sehe es mit dem Gedächtnis eines Ichs, das daran gewöhnt ist, über Büchern zu träumen: ein Ozeandampfer mit großen Räumen, die von gläsernen, mit Metallnetzen an den Wänden befestigten Lampen in Schildkrötenform erleuchtet sind, hinauf- und hinunterführende Treppen mit Kokosläufern, ein geräumiger Speisesaal, in dem weißbehandschuhte junge Kellner mit gespreizten Beinen auf dem glatten, stets schwankenden Boden stehen und die Menüs servieren.

Das Schiff ist für mich ein Ort der Erzähllust geblieben. Nicht ohne Grund waren meine ersten großen literarischen Lieben Romane, in denen das Meer eine Rolle spielt: Stevenson und seine Schiffe, welche die geheimnisvollen unterirdischen Bewegungen der salzigen Fluten herausfordern, Conrad mit seinen Booten, die unbeschreibliche, außergewöhnliche Geheimnisse in sich bergen, Melville mit seinem übermenschlichen Versuch, die bösen Kräfte der Meerestiefen zu beherrschen, Verne mit seinen wunderbaren Unterwasserfahrzeugen. Noch heute nimmt mich eine Erzählung über das Meer im Nu gefangen. Ich bin eine begeisterte Leserin der Bücher von Iperborea, dem Verlag, der mit leidenschaftlicher Ausdauer skandinavische Romane publiziert, die von Geisterschiffen handeln, von Kämpfen mit dem ewigen Eis, Schiffen, die in den Abgründen des Meeres verschwinden, oder von Gespenstern, die bei Einbruch der Dunkelheit entlang den Reiserouten von Segelbooten auftauchen.

An Bord befindet sich ein äußerst sympathischer Missionar – Pater Rovelli, der auf dem Weg nach China ist.

Schnell gewinnt er D. für sich, denn er hat immer ein paar Bonbons für sie in der Tasche, schreibt meine Mutter. Ich erinnere mich nicht an diesen Missionar. Aber ich weiß, daß ich Bonbons nie gemocht habe. Jahre später hatte ich die Gelegenheit, andere Missionare kennenzulernen, besonders in Afrika, und ich kann wohl sagen, ich verliebte mich in manchen wunderbaren Weißbart mit himmlischer Würde, während ich bei anderen Gelegenheiten auf kleine Prälatenhände stieß, die sich gierig nach Geld und Vergnügen ausstreckten.

In meiner wiedererwachten Erinnerung taucht eine afrikanische Straße auf, ein Landrover mit gebrochener Antriebswelle, und wir standen daneben und warteten darauf, daß uns jemand mitnahm. Es war schon fast Nacht, und wir erzählten uns immer neue Geschichten von Räubern, die aus den Wäldern kamen, um den Touristen die Kehle durchzuschneiden und ihr Hab und Gut zu rauben. Und dabei war es so friedlich um uns herum. Man hörte das Zirpen der Grillen in der Dunkelheit, das fröhliche Quaken aufgeblasener Frösche, bestimmte Rufe von Vögeln, die man sich riesengroß vorstellte. In Afrika ist alles gigantisch, wird es doch von mächtigen Wasserfluten und Treibhaustemperaturen genährt. Nur der dunkle und undurchdringliche Wald neben der Straße sorgte bei der kleinen europäischen Reisegruppe für einige Unruhe.

Plötzlich nehmen wir das Geräusch eines Motors wahr: ein Auto. Während es näher kommt, stellen wir fest, daß es kein geringeres ist als ein Mercedes, ein wunderschöner champagnerfarbener Mercedes. Der Wagen ist in eine große Staubwolke gehüllt. Als der Fahrer uns sieht, gibt er überraschend Gas, vielleicht aus Angst vor dieser kleinen Schar Unbekannter, die da am Straßenrand kauert. Aber dann, als er erkennt, daß wir Weiße sind und Touristen, verlangsamt er und hält an. Wir laufen auf das Fahrzeug zu. Im Innern sitzt ein kleiner, eleganter schwarzer Bischof mit der violetten Schärpe um die Taille und einem riesigen goldenen Ring am Finger. Als wir ihm erzählen, daß unser Landrover defekt ist und daß wir nicht wissen wohin, bedeutet er uns, in den Mercedes einzusteigen. Wir rücken ganz eng zusammen und fahren los. Bis zur Mission ist es nicht weit, nur etwa zwanzig Kilometer.

Wir landen mitten in der Wüste, zwischen Palmen und Bananen, in einer Zitadelle, wo alles vorhanden ist: Dutzende von schwarzen Dienern, Lastwagen und Motorroller, die unter einem strohgedeckten Unterstand parken, zahlreiche Gästezimmer, eine Kirche mit Schieferdach und Wänden mit Luftlöchern sowie einem gewaltigen Kreuz aus Keramik.

Der Bischof, der alle Fußballspieler vom AC Rom kennt, aber nicht weiß, wer Moravia und Pasolini sind, lädt uns zum Abendessen ein. Wir verzehren einen Bananenbrei mit Fleischsoße, während aus dem Grammophon eine bekannte Musik ertönt: »Ciao ciao bambina, un bacio ancora …« Der Bischof stellt uns Fragen über Rom, über den Papst. Er ist lustig, verschlingt gierig seinen Bananenbrei und zählt uns nacheinander alle Spieler seiner Lieblingsmannschaft auf.

In der Nacht, die nach Bananen und Blumen riecht – verblühten Fettpflanzen, die ihre schweren Blätter mit einem dumpfen »Plopp« fallen lassen –, schlafen wir friedlich auf Holzliegen unter gelben Moskitonetzen und den rauschenden Flügeln eines Ventilators, während freudiges Hundegebell und ferner Trommelwirbel zu uns dringen.

Bevor wir am nächsten Morgen aufbrechen, versammeln wir uns, um zu beratschlagen, wieviel Geld wir der Mission als Dank für die Gastfreundschaft dalassen wollen. Aber genau in diesem Moment erscheint der Verwalter des Bischofs, ganz in Dunkel gekleidet – Schwarz auf Schwarz, äußerst elegant –, und überreicht uns die Rechnung. Wir sind sprachlos. Der Bischof hatte sogar das Waschwasser berechnet, und die Summe entsprach in etwa dem Preis eines Vier-Sterne-Hotels. Von wegen kleine Spende! Wir haben bezahlt und uns auf den Weg gemacht, ohne den Bischof noch einmal zu sehen, der um zehn Uhr morgens immer noch schlief.

Andererseits bin ich Missionsschwestern begegnet, die mit rührender Großherzigkeit ihre ganze Kraft und Zeit den Kranken einer kleinen ländlichen Gemeinde im Inneren von Tansania widmeten. Sie beherbergten uns für eine Nacht bei sich, weil es im Umkreis von hundert Kilometern kein einziges Hotel gab. Ich beobachtete, wie sie zwischen Küche und einem ziemlich armseligen Eßraum hin- und herliefen, um ein Abendessen vorzubereiten, das der italienischen Gäste würdig war. Von ihnen habe ich gelernt, daß es auch Spaß machen kann, Opfer zu bringen. Die katholische Literatur hat uns häufig die Vorstellung vermittelt, Opfer bedeute Qual, Angst, Schmerz, Strafe, Verstümmelung, Verlust, Leiden, Schweiß und Blut. Die Missionsschwestern hingegen habe ich niemals klagen hören, noch habe ich erlebt, daß sie ein finsteres Gesicht machten oder ihre Schmerzen zeigten, egal, wie schrecklich die Malariaanfälle oder die chronische Ruhr oder die Filariose waren, an denen sie litten (zwei von ihnen waren von dem Fadenwurm befallen, der in das Fleisch eindrang und austrat wie der Faden beim Stopfen). Sie waren derartig in Anspruch genommen von der Pflege der Leprakranken, der Schule für die ärmsten Kinder, von der kleinen Krankenstation, der es immer an Ärzten und Medikamenten mangelte, daß sie keine Zeit für sich selbst hatten. Und eher hörte man sie lachen und vor sich hin trällern als murren und jammern. Wie sagt doch meine Mutter: »Die Menschen in ihrer Vielfalt sind komische Wesen, wenn man sie aus der Ferne sieht, aber aus der Nähe betrachtet, rühren sie einen.«

Aden – ich bin allein ausgestiegen. D. mit Fosco an Bord geblieben.

Das ist alles? Hatten es meine Eltern möglicherweise so eilig, ans Ziel zu kommen, daß sie diesen ersten Aufenthalt einer langen exotischen Reise gar nicht genießen konnten? Dennoch befand sich die kleine Familie in der glücklichsten Phase ihrer Existenz. Die Liebe umfing die Körper und machte sie unverwundbar und unvergänglich. Meine Mutter erklärt nicht, was sie an jenem schönen Nachmittag vor sechzig Jahren in Aden gesehen hat.

Auch ich habe Erinnerungen an Aden. An ein anderes Aden, aufgelöst vor Hitze, viele Jahre später.

Ich werde vom Schrei einer Hyäne geweckt. Es ist Nacht. Die Luft riecht nach frisch geschnittenem Gras. Jenseits einer Anhöhe atmet geräuschvoll das Meer. Der Mond bescheint die Grasflächen vor meinem Quartier. Ich nähere mich dem Fenster und entdecke im gedämpften Licht eine Gruppe von Hyänen, die in den Müllsäcken herumwühlen. In der nur schwach erhellten Dunkelheit sehen sie aus wie Wölfe. Aber man erkennt sie daran, daß ihr Hinterteil höher ist als ihr Kopf, das ist ihr Kennzeichen. Sie sind gefleckt, haben spitze Ohren, messerscharfe Zähne und ein borstiges, häßlich aussehendes Fell.

Beim Rascheln der Bastvorhänge blicken die Tiere auf: Ihre Augen funkeln in der Dunkelheit. Da es sich um intelligente Tiere handelt, verstehen sie sofort, daß ich sie nicht wegjagen, sondern mich darauf beschränken werde, sie neugierig zu beobachten. Ausgelöst durch ihr Stöbern, steigt ein leichter Geruch nach verfaultem Obst aus den Abfällen auf.

Etwas weiter entfernt erspähe ich eine Gruppe von Geiern mit langen, nackten Hälsen und truthahnähnlichen Körpern. Sie warten, bis sie mit ihren Schnäbeln in den letzten Resten stochern können. Im Mondlicht wirken ihre unbeweglichen Silhouetten wie stille, geduldige Gespenster.

Die Hitze hindert mich am Schlaf. Aber wenn ich die Bastvorhänge aufgerollt lasse, kommt das

Schreien der Hyänen beängstigend nahe. Und wenn die Geier nun mit einem Satz durch die Verandatür plötzlich bei mir im Zimmer stehen?

In meiner Unschlüssigkeit zünde ich die Kerze wieder an. In diesem Refugium mitten in der Wüste werden die Stromgeneratoren um neun Uhr abends abgeschaltet. Ich nehme das Buch wieder zur Hand, das ich gerade las: *Aden* von Paul Nizan. »Ich war zwanzig. Niemand soll sagen, das sei die schönste Zeit des Lebens. Alles droht einen zu vernichten: die Liebe, die Ideen, der Verlust der Familie, der Eintritt in die Welt der Erwachsenen. Es ist schwer, seinen Part in der Welt zu lernen.« Ein brillanter Anfang, den ich sofort auswendig gelernt habe. Und jetzt kann ich die Erinnerung an die Hyänen nicht mehr von der Erinnerung an Nizans Worte trennen. Ob das die »göttliche Ernte der Literatur ist«? Ich zitiere Marianna Ucrìa, die etwas vom Lesen verstand.

Bombay – Ankunft gegen 5 Uhr. Landgang erst gegen 11 Uhr möglich. D. ist eingeschlafen – wir geben sie in die Obhut des Zimmermädchens. Gehen dann von Bord.

Fosco und Topazia, meine blutjungen verliebten Eltern, haben das Schiff ohne mich verlassen, während ich schlief. Ich wurde in der Obhut eines Zimmermädchens zurückgelassen. Ich weiß nicht mehr, wie es hieß, aber ich erinnere mich an die Wärme weicher Arme, die versuchten, mich über den vorübergehenden Verlust meiner Eltern hinwegzutrösten. Jedesmal, wenn sie ausgingen, packte mich die Angst, daß sie niemals wiederkommen würden. Sie waren zu jung und zu glücklich, um mich wirklich zu brauchen. Sie waren so sehr ineinander verliebt, daß der eine keinen Schritt ohne den andern machte. Sie hielten sich an den Händen und verbrachten den lieben langen Tag damit, sich Worte ins Ohr zu flüstern, die mir das Gefühl gaben, ausgeschlossen zu sein. Oft lachten sie lauthals, und ich hätte gern mit ihnen gelacht, aber ich wußte nicht worüber, und das hielt mich davon ab. Obwohl ich spürte, daß ich sehr geliebt wurde, ahnte ich auch, daß es Bereiche ihrer Vertrautheit gab, die mir auf schmerzhafte Weise verwehrt waren. Wie ich am eigenen Leib erfuhr, benötigt eine Familie solche Bereiche. Gleichzeitig aber betrachtete ich unser kleines Trio lieber als eine in sich geschlossene Einheit ohne Risse, ohne Öffnungen nach außen, in der man alles miteinander teilte, alles voneinander wußte und in der alles austauschbar war.

In Bombay war ich viele Jahre später mit meinem Lebensgefährten, Vater, Ehemann und Sohn, Alberto, und unserem lieben, teuren Freund Pier Paolo. Es war Sommer, und die Temperatur stieg tagsüber auf fünfundvierzig Grad. Die Füße schmerzten in den Schuhen, die heiße, trockene Luft verbrannte unsere Nasen und trocknete die Lippen aus. Man konnte sich nur morgens um fünf oder abends nach neun auf der Straße aufhalten. Den Rest des Tages waren wir ans Hotel gefesselt, umhüllt von Moskitonetzen, in der Hand ein Buch, während die Ventilatoren sich lautlos über unseren Köpfen drehten … Halbnackt ausgestreckt auf einer karierten Baumwolldecke, dem leichten Madras, aus dem man auch die Hemden nähte, verschlang ich Forsters *Auf der Suche nach Indien.* »Das Holz selbst scheint aus Lehm zu bestehen – jeder Stadtbewohner aus wandelndem Lehm. So heruntergekommen, so eintönig ist alles, was dem Blick des Beschauers begegnet, daß man fast wünschen könnte, der ganze Auswuchs würde bei der nächsten Überschwemmung vom Ganges wieder in den Erdboden zurückgespült. Tatsächlich stürzen Häuser zusammen, ertrinken Menschen, die man auch unbekümmert verwesen läßt, aber im allgemeinen bleibt die Umrißlinie der Stadt mehr oder weniger die gleiche, auch wenn sie, wie eine niedere und doch unzerstörbare Lebensform, sich hier ein wenig baucht, dort ein wenig zusammenzieht.«

Es ist richtig, daß Indien bisweilen so hinfällig und schmutzig aussieht. Aber in seiner Hinfälligkeit liegt etwas Leuchtendes, Staunenswertes. Es genügt, den Blick zum Himmel zu heben: »Es ist der Himmel, der alles verfügt – nicht nur die Wechselfolge des Wetters, der Jahreszeiten, sondern auch den Augenblick, in dem die Erde sich wieder zu schmücken hat. Aus eigenen Kräften vermag die Erde nur wenig zu tun, es sei denn, daß sie hie und da ein paar Blumen hervortreibt. Aber wenn es dem Himmel gefällt, kann er Herrlichkeit auf die Basare Tschandrapurs niederregnen, ein lichtes Segenszeichen von Horizont zu Horizont gleiten lassen. Der Himmel ist dessen fähig, weil er so stark, so gewaltig ist.«

Unter diesem gewaltigen Himmel habe ich Männer in Lumpen beobachtet, die mit Eleganz einen Toten auf einer Bahre aus geflochtenen Weidenruten trugen. Der in weiße Tücher gehüllte ausgezehrte Leichnam wurde auf einen Scheiterhaufen gelegt, den ein spindeldürrer Arm mit einer Fackel anzündete. Die Angehörigen setzten sich auf eine kleine Matte um den Scheiterhaufen herum und beteten. Das Feuer knisterte fröhlich, eine graue, nach Sandelholz riechende Wolke verströmte ihren Duft. Niemals ist mir eine Trauerfeier sowenig düster erschienen.

Auch Alberto und Pier Paolo hatten sich in aller Eile Hemden aus blaurosa kariertem Madrasstoff schneidern lassen, die wir dann jahrelang trugen. Es gibt noch Fotos, auf denen eine dünne, melancholische Maria Callas zu sehen ist, und neben ihr Pasolini, Moravia und ich in unseren Madrashemden. Es war ein feiner, leichter Baumwollstoff, für die Hitze genau das Richtige. Obwohl die Hemden eilends angefertigt worden waren, saßen sie wie angegossen, und auch durch tägliches Waschen verloren sie ihre Farbe nicht. Genäht hatte sie ein zwergwüchsiger, barfüßiger Schneider in Bombay, der den Stoff auf einem mit Fettflecken übersäten breiten Holztisch ausbreitete und ihn dann zuschnitt, wobei er auf einem Kraut herumkaute, das seine Lippen grün färbte.

Wie schön Maria Callas auf dem Höhepunkt ihrer künstlerischen Reife war! Unsterblich verliebt in Pier Paolo und sicher, ihn durch die Kraft der Liebe von seiner Homosexualität zu befreien. Sie hatte ihre großen, tiefgründigen Augen auf ihn gerichtet und lächelte befriedigt. »Mariaaa!« tadelte er sie, wenn sie mit unangebrachten Bemerkungen über Afrika herausplatzte. Und sofort schwieg sie beschämt. Gern hätte sie ihn geheiratet und einen eigenen Hausstand mit ihm gegründet, wie sie mir eines Nachts erzählte, als wir uns in einer Pension, in der es weder Licht noch Wasser gab, ein schmutziges Zimmer teilten. Mit Onassis war es ihr schlecht ergangen; sie fand ihn ungehobelt und roh, während Pasolini sie mit seiner Sanftheit anzog …

Eine Frau mit einer so explosiven Ausdruckskraft verwandelte sich im Privatleben in ein schüchternes, naives kleines Mädchen. Sie erstarrte in kindlicher Bewunderung vor Geld und Reichtum, als lebte sie fortwährend in einem Märchen voller Zauber: Für sie war ein Ring nicht bloß ein Ring, sondern ein außergewöhnlicher Gegenstand von möglicher Magie; ein paillettenbesetztes Abendkleid war kein teures und etwas lächerliches Kleidungsstück, sondern es war dazu da, einen verliebten Körper zu offenbaren, der sich auf der Bühne der Welt präsentiert. Ihr Geist schien erst in Kontakt mit den märchenhaften Erzählungen eines imaginären Theaters angeregt zu werden. Im realen Leben wirkte sie unbeholfen. Genauso wie in den Augenblicken, in denen sie ihre Brille absetzte und die Umrisse der Dinge verlor. »Aber auf der Bühne hatte ich keine Angst ohne Brille, weißt du. Bevor ich anfing zu singen, kundschaftete ich alles aus und merkte mir haargenau die Formen der Kulissen, vermied alle Kanten, Löcher, Abgründe, darin war ich unschlagbar.« – »Und wie hast du das mit dem Dirigenten hingekriegt?« – »Den habe ich nicht gesehen, aber das machte nichts. Ich habe ihn ja gehört. Und nie habe ich auch nur eine Note falsch gesungen«, sagte sie nicht ohne Stolz.

»Aber an einem Abend, in *Aida,* da hatte der Bühnenbildner im letzten Moment beschlossen, einen kleinen See auf die Bühne zu bringen, ohne mir etwas davon zu sagen, und ich bin da mit Kleid und Schuhen voll hineingetreten.« Ihr Lachen war unwiderstehlich und ansteckend. Wir lachten alle und stellten uns vor, wie sie da mitten auf der Bühne stand, mit den Füßen im eiskalten Wasser, und trotzdem weitersang, wie nur sie es vermochte, ohne eine Note zu verfehlen, auch nur eine einzige Note …

Colombo, 13. November, vormittags. Wir drei gehen an Land und machen eine Rundfahrt im Auto. Ich fühle mich nicht gut. D. ist Feuer und Flamme für die »mimmini neri neri« und die Äffchen, von denen es in den Parks nur so wimmelt. Es macht ihr Spaß, sie mit Erdnüssen zu füttern.

Also ist die Zuneigung zu Tieren etwas ganz Natürliches. Mein Leben lang habe ich ihre liebevolle Gesellschaft genossen: Hunde immer, manchmal auch Katzen, eine kleine Ziege, Spatzen, die ihr Nest zwischen meinen Büchern bauten, eine Gans, die ich den Nonnen auf dem Land schenken mußte, weil sie frühmorgens auf meiner Terrasse lauthals schnatterte, Pferde, denen ich so gern über das weiche Maul streichle und von deren Geruch ich nie genug bekommen kann, Schildkröten, Fische. Wenn ich könnte, würde ich mir auch einen Elefanten und zwei oder drei Giraffen halten. Ich habe eine gute Beziehung zu Tieren. Dabei behandele ich sie so, als wären sie Menschen, nur unschuldiger und verlorener. Irgend jemand wendet an dieser Stelle immer ein: »Auch die Nazis, die Menschen haßten, liebten Tiere«, und darauf entgegne ich dann immer, daß ich das Recht beanspruche, Tiere und Menschen gleichermaßen zu lieben, ohne daß die einen oder die anderen zu kurz kommen. Die Sympathie für die einen tut dem Respekt und der Zärtlichkeit für die anderen keinen Abbruch.

Manchmal begegnet man mir mit Spott, weil ich Vegetarierin bin. »Und die Lederschuhe? Mir ist noch nicht aufgefallen, daß du nur Stoffschuhe trägst. Und die Gürtel und Handtaschen, sind die etwa nicht aus Rindsleder? Also, wie paßt das zusammen?« Ich gebe zu, daß ich eine miserable Vegetarierin bin. Sagen wir, mein Verzicht auf Fleisch ist ein Akt der Solidarität mit den Säugetieren. Fleisch von einer Kuh zu essen widerstrebt mir mehr als der Verzehr von Fisch. Ich sehe ein, daß das jeder Logik entbehrt. Die radikale Haltung würde erfordern, daß jemand, der sich weigert, Fleisch zu essen, auf alle Tierarten verzichtet, und zwar für immer, wie es dieser Entscheidung in letzter Konsequenz entspricht. Aber sich von Widersprüchen zu befreien ist gar nicht so leicht. Wenn ich einen armen Fisch mit offenem Maul auf einem Teller liegen sehe, habe ich sofort Schuldgefühle. Weil ich diesen Tod herbeigeführt habe, zwar nicht ich persönlich, aber weil ich im Begriff bin, mich von seinem Fleisch zu ernähren. Sind denn nicht alle Gottes Geschöpfe? flüstert mir eine strenge Stimme zu. Ich frage mich, ob der heilige Franziskus wohl auch ab und zu einen kleinen Fisch vertilgt hat.

Ich erinnere mich noch an die erste Brasse, die ich mit einer Harpunenkanone fing, als ich in den tiefen, klaren Gewässern an der Küste von Ustica schwamm. Diese Ferien mit meinem Vater und ein paar Freunden von ihm gehörten zu meinen abenteuerlichsten. Herberge in einer Fischerhütte ohne Wasser und Licht. Lange Bootsausflüge: Wir ruderten, bis uns die Arme weh taten. Nächtliche Lieder auf der Terrasse, wo es so gut nach Meer roch. Und wenn wir uns an Wassermelonen satt aßen, dann endete das jedesmal damit, daß wir unter anstekkendem Gelächter ein Wettwerfen mit den Schalen veranstalteten.

An den Vormittagen begaben wir uns in den felsigen Wassertiefen auf die Lauer: mit Algen und Seeigeln übersäte Klippen, beschienen von Sonnenstrahlen, die sich in Rauten, Quadraten und weichen, unbeständigen Kreisen brachen. Ein starker Geruch nach Salz und verfaulten Algen stieg einem in die Nase. Während ich mich ruhig zwischen den moosbewachsenen Felsen bewegte, verfolgte ich mit nach unten gerichteter Kanone eine Brasse, im Nacken liebkosende kleine Wellen, an den Schläfen das drückende Gummiband der Tauchermaske, die Füße in leuchtend blauen Schwimmflossen, die sie verlängerten und ihre Bewegungen beschleunigten.

Die argwöhnische Brasse hatte sich in einem zerklüfteten Felsen versteckt, der so aussah, als wäre er geradewegs vom Himmel auf den schneeweißen, makellosen Sand gerollt worden. Ich lauerte ihr auf, denn ich wußte, sie würde herauskommen, um ihre Jagd auf die Schwärme silbrig glänzender kleiner

Fische wiederaufzunehmen, die wie in einem Tanz durch die klaren Fluten glitten. Neben meinem Kopf atmete eine Purpurschnecke träge ein und aus und ließ dabei ihre kurzen gelben und roten Tentakel baumeln.

Ich glaube, ich habe in diesem Moment ein für allemal begriffen, was in einem Jäger vorgeht, der im Hinterhalt liegt: ein Schweben zwischen Himmel und Erde, das deinen Körper leicht macht und ihn die eigene Sterblichkeit vergessen läßt. Eine innere Sammlung, die die Muskeln verkürzt, als wären es Sprungfedern, die jederzeit zu einem Ausbruch animalischer Aggression bereit sind. Eine konzentrierte Aufmerksamkeit, bedrohlich und gleichzeitig ganz sanft, die die Beute liebevoll bewacht, um sie genau in dem Augenblick zu verfolgen, in dem ihre Vernichtung geplant ist.

Die Brasse ist herausgekommen, zuerst schüchtern, nur mit der Spitze ihres gekrümmten Mauls. Ich habe gesehen, wie sie ängstlich ein Auge rollte und dann mit dem Schwanz zuckte, wodurch eine kleine Sandwolke aufgewirbelt wurde. Sie versuchte, ihren Fluchtweg zu verdunkeln, und das war eine gute Taktik. Tatsächlich habe ich sie einen Moment lang aus den Augen verloren. Aber ihr glänzender Rücken, ihre breiten braunen Streifen und die kristallene Klarheit des Wassers haben mich wieder auf ihre Spur geführt. Sachte, sachte, Mädchen, mach keinen Lärm, wühl das Wasser nicht so auf mit deinen Schwimmflossen, blas nicht in das Rohr der Tauchermaske, atme ruhig, hol tief Luft, und bereite dich auf den Angriff vor. Ist die Kanone auch geladen? Die Harpune richtig aufgesteckt? Das

Handgelenk beweglich genug, um die mörderische Feder auszulösen?

Das Spiel der Interessen ist auf der Karte des Himmels eingezeichnet, so fest wie die Stellung der Gestirne: Nichts und niemand kann es ändern. Dessen ist sich der Jäger sicher, der hinter seiner Beute her ist. Dem Tier fällt die Aufgabe zu, die Flucht zu ergreifen, sich zu verstecken, Täuschungsmanöver anzuwenden, um den Feind auf die falsche Fährte zu locken, Staub aufzuwirbeln oder sich abrupt um die eigene Achse zu drehen. Der Jäger hat den Auftrag, das Tier zu verfolgen, es aufzuscheuchen, einzuholen und zu erlegen. Es besteht keine Möglichkeit, die Rollen zu tauschen. Sie sind auf immer und ewig festgelegt. So denkt der Treiber, während er in aller Ruhe das flüchtende Tier stellt. Und plötzlich kommt mir das kleine Mädchen in den Sinn, das ich war, blond und mager, mit den stets aufgeschürften Knien, das sich so unbekümmert und voller Vertrauen in den glitzernden Wellen eines Nachkriegssizilien bewegte. Ein Schütze sieht mich und beschließt, die Jagd zu eröffnen. Er verfolgt mich, lockt mich mit freundlichen Worten. Dann stellt er mich. Und ich – längst nicht so mißtrauisch wie die Brasse, denn schließlich war der fragliche Jäger ein ganz lieber Freund der Familie – gehe auf ihn zu, lächele ihn an und werde von einem Giftpfeil getroffen. Der tötet mich zwar nicht, aber er fügt mir für die weitere Zukunft eine irreparable Verletzung zu. Die Narbe wird niemals verschwinden.

Ist es eine Frage der Standpunkte? Oder existiert in irgendeinem Teil des Bewußtseins ein Gerechtigkeitssinn, aus dem heraus der Räuber und die

Beute sich gegenseitig anerkennen und beschließen, dieses Spiel des Belauerns und Erschreckens nicht länger zu spielen? Vielleicht würde der Himmel ja gar nicht einstürzen, wenn wir aufhörten, uns gegenseitig zu verfolgen und zu jagen.

Von vielen wird behauptet, die Natur beziehungsweise Gott habe die Menschen als Fleischesser und als Jäger erschaffen. In der heimlichen Annahme, daß die menschliche Rasse allen anderen Lebewesen auf der Erde überlegen ist. Aber, aber … da gibt es doch etliche Zweifel, und die kommen immer dann auf, wenn die Wissenschaft, fast gegen ihren Willen, auf eine komplexe und vielfältige Tierwelt stößt, deren Intelligenz und Kommunikationsfähigkeit sich mit jedem Tag als origineller und phantasievoller erweisen. Und außerdem sollten wir bedenken, wie Professor Umberto Veronesi, seines Zeichens Vegetarier, sagt, daß wir von den Primaten abstammen, und die Primaten aßen kein Fleisch.

Um uns ruhigen Gewissens von den wundervollen Kühen mit den sanften, freundlichen Augen und den mütterlichen und väterlichen Verhaltensweisen zu ernähren, hielten wir es für praktisch zu glauben, diese könnten nicht denken und hätten vor allem keine Emotionen. Aber die Wissenschaft lehrt uns, daß das, was die Tiere empfinden, wenn es um Schmerzen geht, seien es nun körperliche oder seelische, nicht so viel anders ist als das, was wir empfinden. Das Denken der Esel, Pferde, Ziegen mag unklarer sein, aber es existiert und umfaßt Systeme der Verteidigung, Überlebensstrategien und seltsame Methoden, sich den brutalsten Formen von

Sklaverei anzupassen, nur damit die Art nicht ausstirbt. Wie kann man das außer acht lassen?

Das kleine blonde Mädchen hat inzwischen den Körper der Brasse mit einem Metallspeer samt Widerhaken durchbohrt. Jetzt zieht es die Leine nach oben, mit der der Speer an die Kanone gebunden ist, indem es sich durch schnelle Tretbewegungen mit den Schwimmflossen gegen das Wasser abstößt. Einen Augenblick später umklammert das Kind die sich windende und zappelnde Brasse, wobei ihm das Blut durch die Finger rinnt und sich im klaren, sonnendurchfluteten Wasser verliert.

Das kleine blonde Mädchen beobachtet, wie das Blut sich auflöst und davonfließt, es betrachtet den Fisch, der sich im letzten Todeskampf windet, es betrachtet die verlöschenden runden Augen und empfindet ein Grauen vor sich selbst. In diesem Moment gewinnt die Jägerin die Fähigkeit zurück, in die Rolle der Beute zu schlüpfen und sich mit ihr zu identifizieren. Warum, fragt eine unbequeme, aber eindringliche innere Stimme, warum nur hast du das getan? Warum? Jene Brasse – das brauche ich wohl nicht zu erwähnen – habe ich nicht essen können.

Seit jenem Tag habe ich nie mehr mit einer Harpune gejagt. Ich habe mich darauf beschränkt, die Fische, die sich vorsichtig und schnell fortbewegten, zu beobachten, ohne mich vom Eifer packen zu lassen, sie aufzustöbern und zu töten. Und ich bin zu der Überzeugung gekommen, daß die Jagd zwar aufregend ist, aber zu ungerecht und sinnlos in einer

Welt, die die Tiere ohnehin schon versklavt. Früher einmal beruhte die Jagd auf einer gewissen Gegenseitigkeit: Der mit einem Gewehr bewaffnete Mann trat in einem feindlichen Wald Rudeln von Tieren entgegen, die ihn zerfleischt hätten. Aber was ist heutzutage aus der Jagd geworden? Ein organisiertes Spiel, in dem arme Tiere in eine Arena getrieben werden, um von reichen Jägern, die dafür bezahlt haben, erschossen zu werden, oder eine Farce, bei der ein mit immer raffinierteren und mörderischeren Waffen ausgestatteter Mensch es mit kleinen Vögeln aufnimmt, nicht, um sie zu verspeisen, sondern aus purer Lust am Schießen und Töten.

Singapur. Wieder gehen wir drei gemeinsam an Land. Und dann: *Singapur – Manila – das Meer ist ziemlich bewegt. Das macht mir mehr und mehr zu schaffen. D. überlassen wir immer öfter den Zimmerkellnern. Die vergöttern sie.*

Wer weiß, warum diese Kellner mich vergötterten. War das nur die Einbildung einer verliebten Mutter? Vielleicht waren sie aber auch um mich herum, weil ich sie mit meinen Faxen amüsierte. Damals glaubte ich instinktiv, man müsse die Erwachsenen unterhalten und aufheitern, wer weiß, was sie mir sonst antun würden. Oder vielleicht vergötterten sie mich, weil ich ihnen zuhören konnte. Mein natürlicher Impuls war immer, ein geduldiges, aufmerksames Ohr darzustellen, eine Art Auffangbecken für die verschiedenartigsten Geschichten, und seien sie noch so verrückt, traurig oder lustig. Mit zunehmendem Alter bin ich zu einer Sammlerin von Wechselfällen des Lebens geworden, und ich kann nie genug davon hören. Die Menschen spüren das und vertrauen mir ihre verborgensten und verzwicktesten Wahrheiten an.

Singapur, schreibt meine Mutter. Es ist die flüssige Handschrift einer jungen Ehefrau, die gewissenhaft ist, aber auch ungeduldig, ans Ziel zu kommen. Dabei muß Singapur auch für sie etwas überraschend Neues gewesen sein. Wer weiß, was wir alles besichtigt haben, als wir von Bord gingen ... Das Museum für Geschichte? Die Altstadt? Wobei man von echten Altertümern eigentlich nicht sprechen kann: Singapur entsteht im Jahre 1819 als Handelsstützpunkt (trading post), gegründet von Leutnant Sir Stamford Raffles, der zunächst mit einem Lokalpolitiker, Temenggong Abdul Rahman, Vereinbarungen trifft. Die ersten, die in Massen hereinströmten, waren die Chinesen, die durch die Verbindung mit den Frauen der Malaiischen Halbinsel eine neue Bevölkerung hervorbrachten, die Peranakani oder Baba genannt wurde.

Möglicherweise haben meine beiden verliebten jungen Eltern das Motorschiff am Fuße des Mount Faber genommen, um auf die Insel Sentosa zu fahren, wo es einen Piratenfriedhof gibt. Vielleicht haben sie aber auch die Moschee besichtigt, die der letzte Sultan von Singapur, Iskandar Shah, im 19. Jahrhundert errichten ließ. Oder sie haben sich die berühmten Hydrokulturen angesehen: Dort, wo das Land knapp ist und die Zahl der Bevölkerung übermäßig hoch, säen die Bauern Salat und Rüben direkt im Wasser aus.

Schade, daß meine Mutter nicht das Singapur jener Tage geschildert hat: eine Stadt mit engen, bevölkerten Gassen, fliegenden Händlern mit Handkarren, keuchenden Rikschaläufern, Färbern, die ihre rotvioletten Stoffe zum Abtropfen über die Büsche der Stadtparks breiten, Staub, der Tag und Nacht über den ungepflasterten Straßen hängt, Affen, die von einem Dach zum anderen springen und die zum Trocknen aufgehängten Früchte stehlen.

Ich bin nie mehr in Singapur gewesen, denn mittlerweile ist mir die Freude an Seereisen abhanden gekommen. Und selbst wenn ich wollte – es gibt einfach keine Linienschiffe mehr. Aber ich bin oft über Singapur geflogen. Darüber hinaus ist es mir, noch bevor es als Stadt existierte, in den Büchern meiner Lieblingsschriftsteller begegnet, und zwar in Form der geheimnisvollen malaiischen Landstriche, die es umgeben. Die bläulichen Hügel von Conrad, die versteinerten Wälder von Stevenson, die reißenden Flüsse von Jules Verne, die sagenumwobenen Städte von Green.

Heute weiß ich, daß sich Singapur, ebenso wie Peking, Seoul und Shanghai, zu einem riesigen Betonkasten entwickelt hat, mit Gebäuden von Hunderten Metern Höhe und dazwischen niedrige Häuschen mit Ziegeldächern und Straßen, die von einer Flut amerikanischer und japanischer Autos verstopft werden.

Was bleibt, ist das Singapur der amerikanischen Filme, die mich als Kind so sehr faszinierten. Ich erinnere mich an einen mit Ava Gardner und Fred

MacMurray, sie, die brünette Schönheit mit den Bewegungen einer Boa. Die Geschichte habe ich so gut wie vergessen, aber ich weiß noch, daß darin viele junge Damen mit Wespentaille und viele junge Männer mit spitzbübischen Gesichtern vorkamen. Ich glaube, es ging um einen Marinesoldaten, der aus einem noch nicht lange vergangenen Krieg und einer damit verbundenen Begegnung, einer gefährlichen Liebschaft, nach Hause zurückkehrt.

In einem Restaurant in Rom sah ich einmal eine große, strahlende Frau hereinkommen, mit nächtlichen Farben und dem Lächeln eines gerade aufgegangenen Mondes. Es war sie, Ava Gardner. Ich habe gehört, wie sie lachte, und gesehen, wie sie den Arm eines burschikosen, hageren jungen Mannes ergriff. Sie nannte ihn Walter. Ich war ein junges Mädchen, das sich vom Film verzaubern ließ, sie waren die Götter an einem Sternenhimmel, mit weichem Haar, das sich am Hals kräuselte, und geschminkten Augen. Yankee, yankee, dooodle doo …

Manila – Hongkong. Rauhe See. Ich muß im Bett bleiben. Auch auf Fosco ist in bestimmten Augenblicken kein Verlaß. An einem Abend – dem allerschlimmsten – befand sich kein Mensch im Speisesaal. Nur D. saß unbekümmert an einem großen Tisch, um sie herum die gesamte Schar untätiger Kellner, und futterte mit Begeisterung alle möglichen »Delikatessen«. Ich habe sie im Vorübergehen wahrgenommen, als ich von der Brücke hinüber ins … Bett rannte.

An dieser Stelle frage ich mich: Wann hat bei mir die Übelkeit angefangen? Wie kommt es, daß mir heute sogar übel wird, wenn ich auf den Landungsstegen der Vaporetti in Venedig stehe? Wann hat das Kind mit den flachsblonden Haaren sich von einer unverwüstlichen Seefahrerin, Herrin aller Schiffe, in ein schüchternes Mädchen mit stets rebellierendem Magen verwandelt?

In meinen frühesten Erinnerungen scheint mir das Meer unter den Füßen feindlich gesinnt zu sein, Vorbote schrecklicher Brechanfälle. Wieso war ich im Alter von zwei Jahren dagegen immun? Ob die Seekrankheit etwas ist, das man lernt, eine Art kulturelles Erbe, das man nach dem dritten, fünften Lebensjahr durch die mütterliche Fürsorge als Mitgift bekommt?

Hongkong. Es ist wunderschön. Stundenlang fahren wir mit dem Auto umher – Daciuzza ist immer dabei. Die kleine Freundin von D., Lilongo Tam, ist von Bord gegangen und bleibt hier. Die Familie war sehr nett.

Von jenem Aufenthalt in Hongkong sind nur noch diese spärlichen Worte übriggeblieben. Jahre später bin ich mit Alberto dorthin zurückgekehrt. Wir waren zu Gast bei einer sympathischen Arztfamilie, die im oberen Stockwerk zwei Schimpansen hielt und im Erdgeschoß drei riesige rotweiße Papageien, die, mit dünnen Kettchen gesichert, auf hohen Ständern saßen. Mit einem der kleinen Schimpansen schloß ich sofort Freundschaft; während einer langen Bootsfahrt durch die Bucht hielt ich ihn fürsorglich im Arm. Von diesem Ausflug habe ich noch immer ein Foto: ich mit dem Schimpansen im Arm. Wollte ich damit vielleicht die Zärtlichkeiten einer jäh unterbrochenen Mutterschaft ausdrücken? Einige Jahre zuvor hatte ich im siebten Schwangerschaftsmonat ein Kind verloren. Mit diesem Sohn hatte ich jeglichen Wunsch nach einer eigenen Familie, die ich mir eigentlich in den Kopf gesetzt hatte, begraben. Mein junger Ehemann Lucio war enttäuscht nach New York gegangen, um dort eine andere Familie zu gründen. Mit einer Frau, »die sehr viel Ähnlichkeit mit dir hat«, wie meine Schwiegermutter mir einmal sagte, und von der er drei Kinder bekam. Um sich dann wieder scheiden zu lassen und eine sehr viel Jüngere zu heiraten, die ihm noch eine Tochter schenkte. Die Haare hat er verloren, der schöne Lucino, sein Gesicht ist von Falten durchzogen, aber er hat noch immer den Körper eines schüchternen, sportlichen jungen Mannes, lustige Augen und ein ganz sanftes Lächeln. Wenn ich nach New York reise, rufe ich ihn an, und er lädt mich in sein Atelier ein, wo es nach Terpentin riecht, und zeigt mir seine letzten überdimensionalen Bilder, auf denen es von kleinen Larvenkörpern und rätselhaften, obsessiven Gestalten wimmelt.

Ein anderes Mal hat es mich anläßlich einer Zwischenlandung nach Hongkong verschlagen; ich war auf dem Weg nach Australien, wo eines meiner Theaterstücke aufgeführt wurde. Die Maschine setzte bei heftigen Windböen auf einem schmalen Pistenstreifen inmitten von Hochhäusern und unmittelbar vor dem Meer auf. Es war, als würde das ganze Flugzeug in ein Etui gepreßt. Ein paar Zentimeter Kursabweichung hätten genügt, um dieses Futteral zu sprengen und ins Meer zu stürzen.

Das Flugzeug mußte in aller Eile auf diesem Stückchen Piste landen, weil sich urplötzlich ein Orkan ankündigte. Der Himmel war bleiern, das Meer von schwärzlichen Furchen durchzogen. In den Straßen flogen Papierfetzen, Lumpen und sogar eiserne Schilder durch die Luft. Im Hafen warfen die vielen Familien, die auf Booten lebten, ihren Hausrat unter das Deck, rissen die zum Trocknen aufgehängte Wäsche von den Leinen und befestigten ihr armseliges Hab und Gut mit Seilen und Schnüren. Der Orkan hätte niemanden verschont. Und tatsächlich ist er wenige Stunden später mit einer Wucht ausgebrochen, die wir Mittelmeeranrainer nicht kennen. Vom Hotelfenster aus – es herrschte Ausgangsverbot – habe ich das immer heftiger werdende Toben des Meeres miterlebt: Die Wellen wurden von Mal zu Mal höher, das Salzwasser stieg bis über die Kaimauern und ergoß sich dann gewaltsam in die Straßen, wo es gegen Häuser und Geschäfte brandete und sie überflutete. Ich habe beobachtet, wie die Menschen mit nackten Beinen umherrannten und in den Einfahrten Schutz suchten, große Bündel mit sich schleppend, in denen sich gackernde Hühner, zitternde Ferkel und sogar weinende Kinder befanden. Am nächsten Tag sah es so aus, als hätte Krieg in den Straßen gewütet: entwurzelte Bäume, Geschäfte mit zertrümmerten Schaufenstern, abgerissenen Markisen, umgekippte Autos, haufenweise Schutt, Holz und Backsteine, die mitten auf den Wegen lagen. Aber die Menschen machten keineswegs einen verzweifelten Eindruck. Mit der uralten Geduld, die von der Häufigkeit solcher Katastrophen zeugt, haben sie sich frohgemut daran gemacht, die Schäden zu beheben. Die schwimmenden Häuser haben ihre nasse Wäsche wieder herausgehängt, am Abend tauchten die Papierlaternen auf den Masten wieder auf, die dreirädrigen Fahrzeuge waren wieder unterwegs, und die Geschäfte haben ihre Rolläden wieder geöffnet, nachdem sie zentnerweise stinkenden Schlamm an den Straßenrändern abgeladen hatten.

24. November, Schanghai. Hier werden wir eine Woche lang bleiben.

Das Reisen damals war viel menschlicher als heutzutage. Man näherte sich seinem Bestimmungsort langsam, machte immer mal wieder halt, um sich zu besinnen oder einfach die Zwischenaufenthalte zu genießen. Man hatte genug Zeit, die Eroberung eines neuen Landes auszukosten, die Entfernungen zu erfassen, von der Zukunft zu träumen und sich dabei von den Wellen wiegen zu lassen.

Viele Einladungen – viele Sachen zu erledigen, Leute zu besuchen, schreibt meine Mutter weiter, und es ist für mich schwer zu durchschauen, wer diese Leute waren. Wie kam es, daß sie so viele Menschen kannten, wenn sie doch gerade erst irgendwo angekommen waren und nach einer Woche bereits wieder abreisen würden.

Dann war da noch das Kind: Wem sollte man es anvertrauen? *Wir müssen D. mit einer »hama« im Hotel lassen,* fährt meine Mutter fort, man *schickt mir eine sehr nette und gepflegte – mit dunkelblauer Hose und weißer Schürze, das pechschwarze, glänzende Haar ganz streng nach hinten gekämmt oder zu einem Knoten zusam-*

mengebunden. Jede Menge Goldzähne. Goldbraune Haut. Sie hat einen ganz eigenen Geruch, stark, aber nicht nach Schmutz und nicht unangenehm. D. will partout nicht bei ihr bleiben, aber kaum sind wir weg, ist sie froh, daß sie mit ihr spielen kann.

Die Kunst, sich mit allem zu arrangieren. Die mußte ich schnell lernen bei Eltern, die alles andere als geneigt waren, mich zu verwöhnen.

So wie meine Mutter über Kindermädchen, Serviererinnen oder Erzieherinnen spricht, höre ich bei ihr ein gewisses Klassenbewußtsein heraus, als wären diese ein natürliches Attribut der Familie. Daran läßt sich der Übergang von einer Generation zur anderen feststellen. Ich finde es geradezu unanständig, eine Frau dafür zu bezahlen, daß sie für mich putzt und meine Kleider bügelt, wenn ich mich selbst darum kümmern könnte. »Sei doch nicht so radikal! Die Welt ist nun mal so, und du kannst sie nicht ändern!« Das weiß ich. Aber ich kann nicht verhindern, daß ein weiteres Samenkörnchen auf jene Wiese meines Gewissens gestreut wird, auf der die Gräser des Vorwurfs sich laufend vermehren.

Ab und zu mache ich mit D. eine Rikschafahrt. Das gefällt ihr ungemein – sie will nie aussteigen. Natürlich wird sie draußen ebenso von jedermann bewundert wie im Hotel. Vielleicht, weil sie so blond und schon so selbständig ist. Auf der Straße trippelt sie vor mir her. Sie will nicht an der Hand gehen, und wenn wir auf den überfüllten Hauptstraßen sind, habe ich Angst, daß sie sich bei irgendwelchen Tieren anstecken könnte, daß sie überfahren wird … Dann flüchten wir einfach in eine Rikscha – aber man muß doch auch ab und zu mal ein paar Schritte gehen!

Meine arme Mutter, hin- und hergerissen zwischen der Notwendigkeit, uns ein wenig Bewegung zu verschaffen, und der Angst, daß ihre Tochter unter ein Auto kommen könnte!

Im September 2000 war ich anläßlich der Veröffentlichung einer meiner Romane in China. Ich habe Städte gesehen, die sich in Ungeheuer aus Beton und Glas verwandelt haben: Die Gebäude erheben sich hochmütig in den Himmel, glänzende Bankenkolosse nehmen jetzt den Platz der kleinen Obst- und Gemüseläden ein, Autos haben die Fahrräder verdrängt. Und dennoch habe ich die Rikschas meiner Mutter wiederentdeckt, die sich gefährlich mitten durch den metallenen Verkehr schlängelten... Schäbige, klapprige Wagen, gezogen von einem Fahrrad, auf dem ein Jugendlicher im Unterhemd in die Pedale tritt. Die einzigen Zeugnisse eines mittlerweile verschwundenen Chinas. Bescheidene, anachronistische menschliche Automaten, die sich trotz der Banken, trotz der Supermärkte, trotz der unzähligen Autos nach wie vor mit ihren dünnen Beinen, die nackten Füße in Plastiksandalen, auf den breiten Alleen von Peking abstrampeln, nur um ein paar Kröten zu verdienen.

Schanghai – Kobe. Auf dem englischen Dampfer »Corfù«. Schlecht im Vergleich zur »Conte Verde«. Das Essen ist miserabel, und man hat sich haargenau an die Zeiten zu halten. Ich fühle mich immer noch ziemlich elend.

Wir haben also das Schiff gewechselt. Und hier,

mitten unter den Engländern, gilt es, sich an strengere Regeln zu gewöhnen. Das Meer ist offenbar häufig bewegt und meine Mutter seekrank. Es ist anzunehmen, daß es der Kleinen weiterhin ausgezeichnet geht. Und in der Tat schreibt meine Mutter wenig später:

D. streift immer noch gern allein umher und möchte überall hinaufklettern. Die kleine Treppe zum obersten Deck hat es ihr am meisten angetan, die ist für sie wie ein Trapez – immer rauf und runter, bis sie müde wird. Wir müssen sie im Auge behalten, dürfen ihr aber nicht helfen, sonst protestiert sie energisch.

Anmerkungen einer aufmerksamen Beobachterin über den Charakter der Tochter. Ungeachtet ihrer abgöttischen Liebe erforschte und beurteilte meine Mutter mich, um die schlechten und die guten Eigenschaften des Kindes zu erkennen, das irgendwann ein junges Mädchen und dann eine Frau werden würde. Dabei waren ihre Beobachtungen durchaus unvoreingenommen. Und sie fand mich über alle Maßen stolz und dickköpfig. Tatsächlich war ich immer eigensinnig. Ich weiß nicht, ob ich darin mehr nach meinem Vater oder meiner Mutter schlage. Alle beide zeigen eiserne Willenskraft, sobald sie beschlossen haben, sich einer Sache zu widmen, die sie für richtig halten. Im übrigen: Von wem sonst sollte ich diesen Freiheitsdrang und diese Entschlossenheit geerbt haben, wenn nicht von ihr und von ihrem geliebten Mann, der mein Vater geworden ist?

»Ich höre Genugtuung aus deinen Worten, wenn es um deine Dickköpfigkeit geht«, würde ein sizilianischer Freund sagen, der mir gegenüber immer sehr kritisch ist. Dieses Buch, da bin ich mir sicher, fände er »ekelhaft narzißtisch«. Vorausgesetzt, er wüßte nicht, daß es eher aus einem Zufall heraus entstanden ist, nämlich aus der Entdeckung der bemerkenswerten Tagebücher meiner Mutter. Denen ich eigentlich nur ein Vorwort hätte voranstellen müssen. Aber als ich angefangen habe zu schreiben, hat meine Hand sich von ganz allein in Bewegung gesetzt und nicht mehr aufgehört. Zugegeben, Schriftsteller kennen oftmals keine Hemmungen. Aus ihrem Leben machen sie den Stoff für Erzählungen, und sie können nicht anders, als den Personen aus ihrer eigenen Vergangenheit mit lächerlicher, naiver Entschlossenheit und vielleicht auch mit einer Portion unverfrorenem, verwerflichem Narzißmus auf den Fersen zu bleiben.

»Du hast einen krankhaften und zerstörerischen Hang, längst Vergangenes und Begrabenes wieder ans Tageslicht zu zerren. Ich glaube nicht, daß das gut ist für deine Gesundheit«, würde mein Freund beharrlich fortfahren, und je härter er argumentiert, um so liebenswürdiger wird sein Lächeln.

»Stubbornness« nannte mein Großvater Antonio seine Frau Yoi und warf ihr vor, sie könne sich nicht in andere Menschen hineinversetzen. Was er im übrigen auch nicht konnte. Trotz seiner Freundlichkeit, trotz seiner ausgesuchten Höflichkeit spürte man in seinem Verhalten diplomatische, eiskalte Heuchelei. Wenn er großzügig war, verfolgte er damit eine Strategie. Und sowohl mein Vater als auch meine Großmutter Yoi kämpften heimlich gegen diese diplomatische Liebenswürdigkeit, die jeder Spontaneität entbehrte. Er war ein kultivierter, zuvorkommender Mann, in dem ein strenger Zensor steckte, der beobachtete und scharfe Urteile fällte; aber bevor er sie verkündete, schaute er sich um und berechnete die Streitkräfte auf dem Schlachtfeld. Niemals auch nur eine einzige falsche Bewegung.

Frühmorgens versorgte er die Dahlien mit den wunderschönen zarten Farben. In seinen letzten Lebensjahren hatte er sich ausschließlich dem Garten von Torre di Sopra gewidmet. Und so habe ich ihn in Erinnerung: über die Blumen gebeugt, ganz weiß gekleidet, mit einem Strohhut auf dem Kopf. Die Großmutter war tot, und er kümmerte sich mit väterlicher Milde um diese Dahlien, knipste die abgestorbenen Blätter ab, befreite die Blüten von Insekten, besprühte sie mit Wasser, nährte sie mit Dünger. Er schaute auf, wenn ich keuchend die kleinen Gartenstufen zu ihm hochrannte.

Ich kam sonntags aus dem Internat und hatte Lust, mich einfach nur in der Sonne zu aalen. Aber wenn sein forschender Blick mich traf, riß ich mich sofort zusammen. Ich sah, daß er mich vielleicht liebevoll, aber ohne jede Nachsicht beäugte und nach einem Fehler suchte. Und natürlich fand er ihn auch, denn schließlich war ich ein kleines Mädchen, das ständig in Bewegung war, ein Wildfang, der dauernd über die Stränge schlug. »Es mag stimmen, daß du etwas Ähnlichkeit mit deiner Großmutter Yoi hast, aber sie war gut, und du bist es nicht«, sagte er mit ruhiger, tadelnder Stimme. Was hatte ich verbrochen? Die Schuldgefühle saßen mir bereits im Genick. »Du hast Kirschen vom Baum gestohlen, hast dein Kleid schmutzig gemacht, deine Großmutter hätte so etwas nie getan, nicht mal mit fünf Jahren.«

Ein anderes Mal bei Tisch in Florenz sagte er zu mir: »Du hast vielleicht die Augen von Großmutter Yoi, aber sie war schön, und du bist es nicht.« Dann, als er mein beschämtes Gesicht sah, fuhr er fort: »Sie hatte nicht diese Mongolenfalte, die ihr habt, du und Fosco.« Aber von wem soll mein Vater die Mongolenfalte haben, wenn nicht von ihr?

So wie die Mongolenfalte hatte ich immer irgend etwas, das mich darin hinderte, der Großmutter das Wasser reichen zu können; dennoch hatte ich mit ihr, wie alle fanden, sehr wohl Ähnlichkeit. Ich bemerkte, daß der Großvater frohlockte wie ein alter Truthahn, wenn es ihm gelungen war, mich zu verletzen.

Ich frage mich, ob meine Erinnerung nur die Antipathie widerspiegelt, die mein Vater ihm gegenüber hegte... Der Großvater und Papa waren niemals einer Meinung. Sie haben sich nie verstanden, nie etwas füreinander empfunden. Mein Großvater schien meinen Vater für ein unbekanntes Wesen zu halten, das ohne Zutun des Vaters ausschließlich von der Mutter abstammte. Obwohl sie Ähnlichkeit miteinander hatten: ihr Lächeln, der Schnitt ihrer Augen, die kurzen, kräftigen Hände. Aber sie erkannten sich nicht als Vater und Sohn an, und daraus sind jede Menge Schwierigkeiten entstanden. Sicherlich war die Reise nach Japan in erster Linie eine Flucht vor dem leiblichen Vater und vor dem politischen Vater, der zu jener Zeit von den Balkons der Piazza Venezia wütete und Gehorsam und Loyalität verlangte. Ich vermag nicht zu sagen, ob die freiwillige Emigration nur negativ war. Gewiß, wenn wir in Italien geblieben wären, wäre uns das Konzentrationslager für Antifaschisten in Nagoya erspart geblieben.

Das Schicksal einer Fahnenflucht, das aus dem konsequenten Starrsinn entstand, den der Vater dem Sohn vorwarf und der Mutter anlastete, diesem Starrsinn, den der Sohn seinerseits trotz aller schlauen Friedensstrategien dem Vater zuschrieb, nachdem er ihn viel zu lange am eigenen Leibe erfahren hatte. »Mein Vater, ich möchte, daß du und ich, / in einem ganz frischen, triefnassen Grab, / ich möchte, daß wir, aber dein Gesicht / mein Vater, blau und verhärtet, zwischen den feinen Augenbrauen / und der gewölbten Stirn / zwischen den gekräuselten / Lippen und dem spitzen Kinn / in einem Freudental / ich möchte, daß du und ich, mein Vater / uns die Wahrheit sagen ...« Das schrieb ich 1966 in *Crudeltà all'aria aperta.*

Kobe, 1. Dezember 1938. Nur einen Nachmittag lang. Immer mit D. unterwegs, die viel zu unruhig ist, um Verlangen nach einem Mittagsschlaf zu haben. Dieses ungeregelte Leben ist gar nicht gut für ein kleines Kind. Ich kann es kaum erwarten, am Ziel anzukommen. Wir sind alle drei müde, und in unseren Koffern herrscht ein heilloses Durcheinander.

Ich habe eine Postkarte vom Ikuta-Schrein vor Augen, dem Tempel, dessen hölzerne Spitzen in den Himmel ragen: Er ist der Göttin Wakahirume-no-Mikoto geweiht, von der gesagt wird, sie sei die Schwester der großen Göttin Amaterasu Omikami.

Nur wenige japanische Zedern und einige Kampferbäume zeugen noch von dem riesigen Park, der einst den kleinen Hafen umgab. Im 19. Jahrhundert wurden die Zedern und die Kampferbäume gefällt, um dem wuchtigen Bahnhofsgebäude von Sannomiya Platz zu machen. An einer Seite befindet sich ein seltsames Denkmal im westlichen Stil, das dem französischen Astronomen P. J. C. Janssen gewidmet ist. Er soll sich im Jahre 1874 in Kobe aufgehalten haben, um die Bahn der Venus am japanischen Himmel zu beobachten. Wer weiß, ob meine jungen Eltern Gelegenheit hatten, den Berg zu besteigen, der die Stadt überragt und auf dem sich der buddhistische Tempel Dairyuji befindet, welcher im Jahre 768 von Wake-no-Kiyomaro errichtet wurde, »dem loyalsten aller Adeligen am Hofe von Nara«. Und wer weiß, ob sie die lackierte Holzstatue von Nyoirin Kannon aus dem Jahre 710 sehen konnten. Hier soll Kobo Daishi Anfang des 9. Jahrhunderts nach seiner Rückkehr aus China, wo er den Buddhismus studiert hatte, die Shingon-Lehre eingeführt haben. Wer weiß, ob die europäischen Schuhe von Fosco und Top (wie mein Vater meine Mutter nannte) auch auf der Wiese mit dem berühmten steinernen Monument haltgemacht haben, auf dem geschrieben stand: »Ah, hier ruht der treue Kusunoki.« Und wer war dieser Kusunoki? Da ich Geschichten liebe, finde ich auch immer jemanden, der mir welche erzählt: Kusunoki Masashige war ein berühmter Krieger, der im Namen des Kaisers einer Armee von Tausenden von Soldaten Widerstand leistete, die von dem Rebellen Ashikaga Takauji befehligt wurde. Das war im Mai 1336. Nach stundenlanger Schlacht gewann Takauji die Oberhand, und Kusunoki Masashige war gezwungen, mit seinen siebenhundert Mann, allesamt Anhänger des Kaisers, den Rückzug anzutreten. In einer solchen Situation lieferte man sich entweder dem Feind aus (seinem und dem des Kaisers), oder man machte Harakiri. Er entschied sich dafür, sich den Bauch mit einem spitzen Degen aufzuschlitzen, während ihm ein Waffenbruder den Kopf abschlug. Nach ihm begingen alle siebenhundert Krieger, die dem Kaiser treu ergeben waren, Harakiri. Das ist Japan. Ah, hier ruht der treue Kusunoki!

Alles – die Bäume, die Statuen, die Tempel, die Häuser, die Denkmäler, die Parks – wurde durch die Bombenangriffe im Zweiten Weltkrieg zerstört. Nachdem man es mit der sprichwörtlichen japanischen Geduld wieder aufgebaut hatte, wurde es durch das blinde Wüten des verheerenden Erdbebens von 1995 erneut in Schutt und Asche gelegt. Armes Kobe! Wie schön wäre es, wenn mir in dem fernen, verborgenen Gedächtnis meiner Kinderaugen ein paar Erinnerungsfetzen, ein paar kleine Bilder von dem Kobe vor dem Krieg, vor dem Erdbeben geblieben wären, gleich einem kindlichen, unauslöschlichen Traum: der gekrümmte schöne Zweig einer Zeder mit den fast weißen Blättern, einige Büschel gelber Kampferblüten mit dem starken, beißenden Geruch, ein rotlackierter hölzerner Buddhaarm, eine steinerne Hand des französischen Astronomen Janssen, die ein Fernrohr hält, durch das man noch immer auf eine leuchtende weinende Venus blickt.

Mit Bedauern löse ich mich von diesem imaginären Kobe und kehre wieder zurück zu der so viele

Jahre zurückliegenden Reise nach Sapporo. Dennoch ist mir dieser Schwebezustand zwischen zwei Orten, inmitten von durchwühlten Koffern, sehr vertraut, und mir scheint, ich habe mich nie wirklich davon freigemacht. So viele Städte, so viele Häuser, die ich geliebt, dann aber für immer verloren habe. Das Nomadentum liegt meiner Familie im Blut, und ich glaube, ich könnte nirgendwo längere Zeit bleiben, ohne sofort die nächste Reise zu planen.

Kobe – Tokio. Anfangs hat D. genug Ablenkung, aber dann langweilt sie sich natürlich auch, weil sie nicht weiß, was sie tun soll. Sie langweilt sich mit den wenigen Spielsachen, die sie zur Verfügung hat – sie macht sich Hände, Gesicht und Beine schmutzig, und die Kleidung reicht hinten und vorne nicht.

Ein anderer Zug, eine andere Strecke, eine andere Landschaft. Und das kleine blonde Mädchen hält es nicht lange auf seinem Platz aus. Es geht zum Fenster und betrachtet die endlosen Reisfelder, die sich längs der Bahnlinie erstrecken. Dann setzt es sich wieder und liest ein Buch, obwohl es die Wörter auf den Seiten noch nicht erkennen kann. Mit der Mutter zusammen singt es das Lied von Pinocchio. Es legt den Kopf auf ihre Knie und schläft ein wenig. Aber bestimmt langweilt es sich. Denn jetzt wäre ein Haus, ein richtiges Bett, ein Garten zum Herumtoben vonnöten. Das Nomadentum der Familie wird durch die Sicherheit der Rückkehr gemildert. Man fährt weg, um wieder zurückzukommen. Man träumt, um aufzuwachen. Man sehnt die Nacht herbei, um wieder träumen zu können.

Endlich kommen wir in Tokio an. Die erste Station: das Imperial-Hotel. Ein riesiger Bau in funktionellem Stil, von Frank Lloyd Wright entworfen. Eines der wenigen Hotels, die nicht im Bombenhagel des letzten Krieges in sich zusammenfallen werden. Aber statt dessen wird es in der Nachkriegszeit von verantwortungslosen, habgierigen »Modernisierern« dem Erdboden gleichgemacht und durch ein ganz neues Hotel ersetzt, das mit dem alten nur noch den Namen gemeinsam hat.

In den siebziger Jahren bin ich nach Tokio zurückgekehrt. Der Standort war derselbe, aber von der Genialität des alten Wright war nichts mehr übriggeblieben: von den gewölbeartigen Gängen, die den Erdbeben und den Bomben getrotzt hatten, von den weitläufigen Räumen mit den glockenförmigen Decken nicht die geringste Spur. An ihrer Stelle glänzende Marmorsäle, doppelt verglaste Fenster mit Goldrahmen, kurz gesagt, ein typisches Luxushotel der fünfziger Jahre. Im Imperial-Hotel bleiben wir nicht lange, denn es ist auch teuer. Sehr bald kommen wir in den Bunka-Apartments unter. *Wir müssen so viele Leute besuchen,* berichtet meine Mutter, *unzählige Einladungen, von jedem einzelnen Botschaftsangehörigen eine. Ich erkläre, daß ich D. nicht allein lassen kann. Alle wollen, daß wir sie mitbringen, also ist sie bei sämtlichen Essen dabei. Sie weicht nicht einen Augenblick von meiner Seite. Man merkt, daß die Reise sie nervös gemacht hat. Es ist schwierig, ihr möglichst wenig abzuschlagen und gleichzeitig zu verhindern, daß sie schlechte Gewohnheiten annimmt.*

Auch hier ist es kalt. Ich habe Schnupfen. Dacia nicht.

Alle Japaner sind so überaus freundlich – sogar zu freundlich – zu Kindern und, mir scheint, zu D. ganz besonders.

Es ist ein merkwürdiges Gefühl, dauernd angestarrt zu werden. Die bevölkerte Einkaufsstraße »Ginza« ist D.s Schlachtfeld. Wenn sie sich ihren Weg durch die Gewänder (Kimonos!) und die Holzpantinen hindurch bahnt, bildet die Menschenmenge eine Gasse, und sie erntet ein vielstimmiges »kawai né?« (süß, nicht?). Es ist schon fast peinlich. Alle lächeln mich an, und ich komme mir vor wie die königlichen Hoheiten, die ein Spalier von Bürgern abschreiten, denen sie freundlich zunicken müssen.

Zu jener Zeit waren Ausländer dort derart selten, daß ein kleines blondes Mädchen Aufsehen erregte. Heutzutage würde sich niemand mehr nach einem Kind umdrehen, das keinen schwarzen Pagenkopf hat, keine Mandelaugen und keine stumpfe Nase. Ob ich vielleicht damals das Gefühl des Andersseins entwickelt habe? Kinder mögen es nicht, wenn sie sich von der Mehrheit unterscheiden. In der Tat wäre ich lieber schwarzhaarig gewesen anstatt blond wie ein Maiskolben, meine mozzarellaweiße Haut hätte ich lieber gegen eine olivfarbene eingetauscht. Gern hätte ich so apart geschnittene schwarze Augen gehabt, mit einer noch markanteren Mongolenfalte, trotz der Verachtung meines Großvaters Antonio. Aber den kannte ich damals noch nicht und wußte nicht, daß er eine besondere Abneigung gegen die Mongolenfalte hatte, die er seinem Sohn zum Vorwurf machte, als handelte es sich dabei um einen Charakterfehler.

Tokio – Hakodate – SAPPORO. Lange, ermüdende Reise. Ich finde, D. ist unter den gegebenen Umständen sehr brav. Sie läuft kreuz und quer durch das gesamte Zugabteil und bleibt ganz unbefangen vor allen möglichen Personen stehen, besonders vor Soldaten und Offizieren.

Auf dem Passagierdampfer von Aomori nach Hakodate sitzen wir beim Frühstück mit vier Offizieren an einem Tisch. D. klettert nacheinander allen auf den Schoß, und die Männer legen den Arm um sie, schaukeln sie und spielen fröhlich mit ihr wie Kinder mit einer Puppe.

Diese Vorliebe für Offiziere ist sonderbar. Ich kannte sie nicht an mir. Dagegen ist die Vorliebe der Offiziere für Puppen schon etwas verständlicher. Es kann sein, daß Uniformen auf Kinder einen besonderen Eindruck machen. Ob es die Aura von Autorität ist, die sie um sich haben? Aber warum sollte Autorität eine Anziehung auf Kinder ausüben? Vielleicht, weil sie dem Chaos entfliehen wollen, dem sie vor ihrer Geburt ausgesetzt waren? Oder vielleicht, weil sie das unbestimmte Dunkel, dem sie entstammen, immer noch als bedrohlich nah empfinden? Ist die Geburt nicht auch ein Übergang vom Chaos der Materie zur Notwendigkeit, die Dinge zu ordnen und zu bestimmen, indem man ihnen Namen zuteilt? Wie könnten wir ohne Sprache über jene Gegenstände verfügen, die sich uns voller Überraschungen und Versprechungen präsentieren? Womöglich stellt die Uniform eine Art erster klarer und konsequenter Sprache dar, die auch ein kleiner, noch unbewußter Mensch begreifen kann.

Auf der Reise von Hakodate nach Sapporo bekommen wir ein luxuriöses Abteil zugewiesen, ganz für uns allein – das ist wesentlich bequemer für D., sie hat mehr Platz zum Herumlaufen und kann sich auf den Sitzen ausbreiten.

Im Speisewagen läßt ein korpulenter Herr aus dem hinteren Teil des Waggons D. einen Teller mit Bonbons und Schokolade bringen. Fosco und ich reagieren ein wenig verlegen. Kurz darauf schickt ein anderer Obst und Nougat. Wir sind wirklich »overwhelmed«, und D. bedankt sich ganz natürlich und mit strahlendem Lächeln und nimmt alles an, als stünde es ihr regelrecht zu!

Kurzum, ich wurde verwöhnt, von der Familie und von Fremden. Aber wer wollte denn, daß ich mich als etwas Andersartiges und Besonderes fühlte, wenn nicht sie, die Mutter der Gracchen, die so glücklich über ihre kleine Tochter war, daß sie sie zur Königin erwählte, noch bevor diese ihren ersten Zahn bekam?

SAPPORO. 15. Dezember 1938. Wir werden im Grand Hotel erwartet. Die nächtliche Stadt – mit wenigen, zum Teil bunten Lichtern, die sich im meterhohen Schnee spiegeln – wirkt wie die Kulisse für einen Weihnachtsabend.

Am nächsten Morgen gehe ich mit D. aus. Alle drehen sich nach ihr um mit den üblichen Ausrufen wie »kawai kawai«. Die Menschen hier sind sympathisch und anders als in Tokio. Die Atmosphäre gefällt uns sofort. Eines der Dinge, die D. beeindruckt, ist die große Schar von Krähen, die mit ohrenbetäubendem »qua qua qua qua« schwerfällig von Baum zu Baum hüpfen.

Ich weiß nicht, ob es gerade zu jener Zeit war, daß meine Mutter mir zum ersten Mal ein altes

Volkslied vorsang, in dem es hieß: »Oh, ihr schönen, schönen, schönen Mädchen, seid ihr da, dann hört mal die Geschichte von der Kräh' aus Kanada.« Ich erinnere mich an ihre fließende, natürliche Stimme, von der ich nie genug bekommen konnte. »Weiter, Mama!« Und sie fuhr fort: »Einst saß die Krähe auf einer Wiese in aller Ruh, und der Rabe zwinkerte ihr von einem Fenster aus zu.« Aber schnell war sie wieder abgelenkt… »Weiter, Mama…« Und sie: »… aber der schönen Krähe war diese Liebe ganz egal, denn im Gras, da lag Cecchino, der Jäger wieder mal… Reicht dir das?« – »Nein, erzähl mir auch das Ende!« »Daran erinnere ich mich nicht mehr.« Aber das stimmte nicht, in Wirklichkeit wollte sie mir das grausame Ende ersparen. »Bitte…« – »Ich weiß es nicht…« – »Dann fang wieder von vorne an.« Und sie sang ganz geduldig: »Oh, ihr schönen, schönen, schönen Mädchen aus Kanada…« Aber ich wußte, wie die Geschichte ausging.

Es war ein Lied, das mich erstaunte und meine Neugier weckte: Wie kann man sich in seinen eigenen Mörder verlieben? Es kam mir unnatürlich vor, daß die Krähe um Cecchinos Gewehr herumflattert, obwohl sie genau weiß, daß er schießen wird. Doch es war vielleicht gerade das, was mich anzog. Im Laufe der Jahre habe ich dann erfahren, daß sich tatsächlich viele Frauen, aus einer alten Gewohnheit zur Unterwerfung heraus, häufig in Cecchino verlieben, den höflichen Jäger, der, wie es im Lied heißt, am Ende seinem Jagdinstinkt freien Lauf läßt: »Peng, da schoß er und tötete sie…«

Sind nicht alle Frauen, die ihrem eigenen Mörder die Tür öffnen – und davon gibt es eine ganze Menge –, unbewußt in Cecchino verliebt? Aber Cecchino, mit seiner lässigen Art, seinem hübschen gebräunten Gesicht, seinem bezaubernden blonden Schopf, versteht sehr häufig diese Liebe nicht, sie beunruhigt ihn, ist ihm lästig, und dann greift er bisweilen zum Karabiner.

Wir machen uns auf die Suche nach einer Bleibe. Die Universität kann uns etwas vermitteln, sie verfügt über eine Reihe von Häusern für ihre Dozenten.

Professor Kodama macht uns mit unseren zukünftigen Nachbarn bekannt – Hecker und Lane. Die nächsten zwei Jahre werden wir wohl in diesem Haus wohnen. Ich will unbedingt, daß es Weihnachten bezugsfertig ist. Ein ständiges Kommen und Gehen von Elektrikern, Glasern, Klempnern, Heizungsmonteuren etc.

Hier hat meine Mutter die Ärmel hochgekrempelt, genauso wie zwei Jahrhunderte zuvor ihre Ahnin Marianna (auch meine Mutter heißt mit zweitem Vornamen Marianna), um der Untätigkeit oder der Abwesenheit ihres Ehemannes etwas entgegenzusetzen und ein Haus für sich und für ihre Kinder zu bauen. Als ich in dem sizilianischen Roman über Marianna schrieb, dachte ich an meine Mutter, die so tatkräftig und entschlossen zupakken konnte und daran gewöhnt war, alles allein zu machen, wobei sie sich auch Dinge auflud, für die sie nicht geschaffen war.

Eine kleine Ameise mit festen Vorstellungen von der Zukunft, das war meine genügsame, fleißige Mutter. In nichts zu vergleichen mit meiner Großmutter Sonia, die wie die Grille* in den Tag hineinlebte. Sie hatte sogar die unermüdliche und kräftige Stimme einer Grille. Es gefiel ihr, auf dem duftenden Zweig eines Kirschbaums zu sitzen und zu zirpen, während die Früchte zunächst weiß und hart wurden, dann rosarot und weich, schließlich leuchtend rot. Aber irgendwann machte es »plaff«, und sie landeten regelmäßig im Bauch irgendeines flinken kleinen Vogels. Ihr ganzes Leben lang hat Großmutter Sonia gesungen und überhaupt nichts auf die hohe Kante gelegt. Als sie starb – den Schlüssel zum Geldschrank ums Handgelenk gebunden –, hatte sie längst den gesamten Besitz veräußert und im Gegenzug eine Leibrente kassiert. Im Geldschrank bewahrte sie unechten Schmuck auf. Anläßlich meiner Hochzeit mit Lucio, die in Rom stattfand, schickte sie eine wunderschöne Schatulle mit einem Brillantkollier, dem ein Briefchen mit vielen guten Wünschen beigefügt war; es endete mit den Worten: »Schick mir das Kollier zurück, nachdem du bei deinen zukünftigen Schwiegereltern einen guten Eindruck gemacht hast, denn ich will es aufbewahren.« Gewissenhaft, wie ich war, hatte ich es ihr zurückgeschickt, sorgsam darauf bedacht, auch ja nicht eines der kostbaren Steinchen zu verlieren. Nach ihrem Tod stellte sich heraus, daß die Brillanten unecht waren. Die echten hatte sie wohl in einem jener Sommer verkauft, als sie in den höchsten Tönen tirilierte.

* Anspielung auf die Fabel *Die Grille und die Ameise* von Jean de La Fontaine (Anm. d. Übers.).

Am 22. ziehen wir in unser neues Haus ein. Hecker [...] schickt Süßigkeiten und ein paar edle Tropfen – Blumen und Mandarinen!

[...] Lane Tischtücher, Tassen, ein kleines Tablett.

Wir sind gerührt. Diese Menschen sind so überaus herzlich und freundlich, daß es uns fast peinlich ist.

Wir schicken italienischen Wermut und Körbe mit Obst – Spielzeug für die Lane-Kinder.

Eine gute Einführung in die »Kultur des Schenkens«. Man beschenkt sich, um Bündnisse einzugehen, Verbindlichkeiten zu schaffen, um sich gegenseitig zu feiern, um jegliche Aggressivität und jedes Konkurrenzdenken im Keim zu ersticken. Was wiederum beweist, daß Japan ein äußerst wettbewerbsorientiertes, ein sehr autoritäres Land ist. Mit einer leidenschaftlichen Liebe für Geschenke und festliche Zeremonien.

Ihnen ist jede Gelegenheit willkommen, Geschenke zu bringen. Nicht nur, um der Geburt eines Propheten zu gedenken, so wie es bei uns der Fall ist, wenn wir das Fest der Heiligen Drei Könige begehen, die von weither kamen, um dem kleinen Jesuskind mit Weihrauch und Myrrhe die Ehre zu erweisen, auch wenn es in einem Stall geboren wurde. Die Japaner bringen zu allen gesellschaftlichen Anlässen Geschenke mit: zu einem Abendessen, einem Ausflug, zum Treffen mit einem Schullehrer, zu Beginn einer beruflichen Zusammenarbeit, zur Begrüßung eines ausländischen Gastes und so weiter. In der Sprache der Opfergabe bedeutet das Geschenk: Man will besänftigen, beschwichtigen, einen erzürnten Gott, der uns vernichten könnte, milde stimmen. In der Antike verfuhr man genauso. Aber damals mußte das Blut Unschuldiger den Gaben an die Götter beigegeben werden. Im Laufe der Zeit verloren die Opfer an Grausamkeit, ihnen kam nur noch symbolische Bedeutung zu. Was im Kern bleibt, ist die Absicht, den Zorn ferner, launischer und unberechenbarer Gottheiten, der uns plötzlich treffen könnte, zu besänftigen.

Die einst mächtige Zeremonie beschränkt sich jedoch mittlerweile auf einen nur noch symbolischen Austausch von Nippsachen, wertlosem Krimskrams, glänzenden kleinen Schachteln mit Reiskonfekt. Nicht ohne Grund hat die Kunst des Verpackens in Japan raffinierte, ich würde sogar sagen höchste Formen angenommen. Überrascht und entzückt kann man beobachten, wie die zierlichen Finger einer Verkäuferin über das Papier streichen, bis es, ohne Falten zu werfen, den betreffenden Gegenstand perfekt umhüllt, um ihn dann – rechteckig oder quadratisch, mit Schleifen verziert – dem Käufer auszuhändigen. Und da ich nun mal gern Zusammenhänge herstelle, was typisch ist für einen Bücherwurm, fällt mir an dieser Stelle Pirandellos *Der Mann mit der Blume im Mund* ein. Darin schildert einer, der mit Paketen unter dem Arm auf den Zug wartet, die Geschicklichkeit eines Verkäufers: »Was für Hände! Ein schöner großer Bogen, starkes Papier, rot, glänzend… schon den anzusehen ist ein Vergnügen… so glatt, daß man am liebsten sein Gesicht drauf legen möchte, um die kühle, zärtliche Berührung zu spüren… Sie breiten ihn auf dem Ladentisch aus und legen dann ganz nonchalant den leichten, sorgsam gefalteten Stoff in die Mitte. Zuerst heben sie mit dem Handrücken einen Rand von unten in die Höhe, holen dann von oben den anderen herunter und falten dabei flink und graziös einen Umschlag, wie eine Zugabe, L'art pour l'art. Dann legen sie den Bogen von der einen und dann von der anderen Seite zum Dreieck und schlagen die beiden Spitzen unter, greifen mit einer Hand nach der Bindfadenrolle, ziehen gerade so viel ab, wie sie brauchen, verschnüren so rasch, daß man nicht einmal Zeit hat, ihr Kunststück zu bewundern, schon präsentieren sie das Paket mit der fertigen Schlaufe, so daß man den Finger hineinstecken kann ...«

Wir richten einen herrlichen Weihnachtsbaum her. Bereits letztes Jahr hat D. mitgeholfen (bei mir und bei Großmutter Yoi), aber dieses Jahr ist sie größer und begeistert sich mehr dafür. Sie möchte am liebsten mit dem ganzen Schmuck spielen und klettert auf alle möglichen Stühle, um ihn sich vom Baum zu holen.

Eine Geste, die mir lieb und teuer ist: auf einen Stuhl steigen und die silbernen Kugeln an die Zweige hängen. Ich habe es unzählige Male bei meiner Mutter gesehen und tue es ihr gleich, obwohl ich keine Kinder habe, und dabei genieße ich es, den Spuren einer fernen, leichtsinnigen Geste zu folgen. Aus jener Zeit stammt meine Freude am Schmücken und Plündern des Weihnachtsbaums. In meinem Haus in den Bergen, im Nationalpark der Abruzzen, kaufe ich Jahr für Jahr einen Baum, »aber ich möchte unbedingt einen mit Wurzeln«, und fast immer komme ich mit einer kleinen Tanne nach Hause, den unteren Teil in Sackleinen eingeschlagen, die ich dann am Ende der Feiertage in meinem

Garten einpflanze. Fast alle meine Tannen sind gut angewachsen, und es bereitet mir Vergnügen, zu beobachten, wie sie größer werden, wie sie in den Sommermonaten Knospen treiben. Ein paar sind eingegangen, aber bestimmt nur deshalb, weil man die Wurzeln zu radikal gekappt hatte.

Ich mag es, wenn der Weihnachtsbaum einfarbig ist. Ich behänge ihn mit ganz leichten silbernen Kugeln und, um das Ganze etwas aufzulockern, mit schillernden Girlanden. An die Spitze kommt ein Komet. Zwar habe ich keine Kinder im Haus, die den geschmückten Baum bestaunen könnten, aber ich habe viele Freunde, die mich während der Feiertage besuchen. Wir führen lange Gespräche, kochen zusammen, lesen uns vor, tanzen und machen Spaziergänge durch die Wälder. Heiligabend bereite ich die Tombola vor. Und ich bin stundenlang damit beschäftigt, Geschenke zu verpacken: viele Bücher, außerdem Pantoffeln (bei mir zu Hause werden nur Pantoffeln getragen, um nicht mit den dicken Profilsohlen, die für die Spaziergänge unerläßlich sind, den ganzen Schmutz von draußen hereinzuschleppen), bunte Decken, köstliche Honigsorten: Akazie, Eukalyptus, Kastanie, Thymian … Zwar bin ich nicht so geschickt wie die japanischen Verkäuferinnen, aber meine Päckchen haben eine gewisse Eleganz, auf die ich stolz bin. Die Kultur des Schenkens übt weiterhin ihre Wirkung aus. Aber welchen erzürnten Gott will ich damit besänftigen?

Unser Haus in Sapporo war aus Holz und hatte einen leichten Kiefergeruch an sich. Inmitten eines winzigen Gartens, in dem im Sommer der Holunder blühte, dessen weiße Blüten sich um den September herum in Trauben von schwarzvioletten Früchten verwandelten … In diesem Haus nehmen meine Erinnerungen mit einer gewissen Regelmäßigkeit Gestalt an. Ich bin etwa drei Jahre alt, und die ersten großen Gefühlserregungen löst bei mir der Schnee aus. Flocken, die schon im Oktober fallen und bis in den Mai hinein rieseln und eine abgrundtiefe Stille erzeugen. Die gedämpfte Stille der Bäume, die wattierte Stille der Straßen, die nur zuweilen gestört wird, wenn der Schnee, der sich auf den Dächern angehäuft hat, mit einem dumpfen Schlag auf den Gehwegen landet. Zusammengerollt schlief ich in meinem Bett, in einem Zimmer aus Holz, das nach Rauch und Soja roch, und meine Ohren vernahmen die sanften Geräusche der Nacht, die nie zu enden schien.

Ich stellte die ersten verworrenen Überlegungen über die Ewigkeit an, die ich später fortsetzen sollte: Nach meiner kindlichen Logik handelte es sich dabei um einen langen Tag, an dem ich nicht vorkam, um eine heitere Zeit ohne Anfang und Ende, in der meine kleinen geistigen Abgründe absolut keine Rolle spielten. Eine Zeit außerhalb meines Körpers und ohne meinen Körper – sehr schwer vorstellbar. War Ewigkeit gleich Tod? Aber jedes japanische Kind konnte doch die Gesetze der Reinkarnation auswendig aufsagen: Nach dem Tod wurde man immer wiedergeboren, sogar zehnmal, zwanzigmal, je nachdem, wie verdienstvoll und leidenschaftlich das jeweilige Leben gewesen war. Mein Vater glaubte nicht daran, ebensowenig meine

Mutter. Wie verläßlich war also die verführerische Vorstellung von der Wiedergeburt?

Kurz vor Tagesanbruch schlief ich ein und wachte ein paar Stunden später völlig übermüdet auf. Der Duft nach Kaffee und Porridge, der aus der Küche drang, gab mir zu verstehen, daß meine Mutter schon auf den Beinen war. Die Gewöhnung an Porridge ging auf Großmutter Yoi zurück, sie hatte den britischen Brauch, gekochten Haferbrei zu essen, mit nach Florenz gebracht. Der heiße Brei, klumpig, wabbelig und fade, wie er war, wurde mit kalter Milch übergossen und mit Zucker bestreut. Ich war dermaßen an diesen Geschmack gewöhnt, daß mir ein Morgen ohne Porridge vorgekommen wäre wie ein Morgen ohne Erwachen. Es bedurfte des Konzentrationslagers, um mir diese köstliche anglo-florentinische Gepflogenheit auszutreiben.

Großmutter Yoi, wie schade, daß ich sie nicht näher kennenlernen konnte! Die große Reisende, die sich von Ruskins *The Stones of Venice* und *The Seven Lamps of Architecture* inspirieren ließ, die sich mit wertvollen Gegenständen und orientalischen Stoffen umgab. Ruskin scheint ein schwieriger Mensch gewesen zu sein, nachtragend und unzugänglich im Alltagsleben, bei dem sich euphorische Perioden mit Perioden wahnhafter Depressionen abwechselten. Im Winter des Jahres 2000 sah ich in London ein sehr provokantes Theaterstück über das Leben von Ruskin, dem europäischen Idol der ersten Hälfte des 20. Jahrhunderts, der in der ganzen Welt verherrlicht wurde wegen seiner Studien über Architektur und Malerei, wegen seiner besonderen Ansichten über die Beziehungen zwischen der Kunst und der Gesellschaft, die diese darstellt, wegen seiner Schimpftiraden gegen den Merkantilismus, seiner Leidenschaft für die Gotik und wegen seines kühnen, eleganten Schreibstils.

Dieser gelehrte, hochintelligente Londoner Gentleman soll so sarkastisch und grausam mit seiner Ehefrau Eufemia Gray, genannt Effie, umgegangen sein, daß er sie gewaltsam in die Arme seines besten Schülers, John Everett Millais, trieb. Hin- und hergerissen zwischen einer verheimlichten Homosexualität, der obsessiven, krankhaften Liebe zu einer tyrannischen Mutter und dem Wunsch nach »Normalität«, verfiel Ruskin schließlich dem Wahnsinn und widmete sich mehr und mehr den Steinen und seinem Interesse für den großartigen Maler Turner.

Meine liebenswerte Großmutter Yoi – leider hatte ich nicht das Glück, sie näher kennenzulernen, denn als ich Italien verließ, war ich zwei Jahre alt, und als ich zurückkam, war sie schon tot … Eine Frau, über die man sich in der Familie außergewöhnliche, wenn auch etwas beunruhigende Dinge erzählte. Entsprach es der Wahrheit, daß sie einen Ehemann und zwei Kinder verließ, um sich Anfang des 20. Jahrhunderts allein auf Reisen zu begeben? Verlor sie wirklich ihr Herz an einen persischen Dichter und folgte ihm bis nach Bagdad? Stimmte es, daß sie von Bagdad aus allein den Rückweg antrat und schließlich in Florenz landete, wo sie sich in einen zehn Jahre jüngeren Bildhauer, meinen Großvater Antonio, verliebte und mit ihm dann in einem ehemaligen

Bauernhaus in Poggio Imperiale zusammenlebte? War es tatsächlich so, daß ihre Kinder aus erster Ehe sie weiterhin liebten und ab und zu aus dem kalten England angereist kamen, um sie zu besuchen?

Das erste, was ich von ihr sah, war das Foto, das im Wohnzimmer in Torre di Sopra stand. Darauf war sie voller Runzeln, ein Haarkranz umgab das ansonsten makellose ovale Gesicht. Viele Jahre nach ihrem Tod tauchte im Haus meiner Schwester Yuki ein außergewöhnliches Ölporträt von meiner Großmutter als junger Frau auf, schmal wie eine Tuberose in einem Kleid aus heller Spitze, zart und elegant. Mit schlanken, geschmeidigen Armen, einem Schwanenhals, mandelförmigen Augen, die – aller boshaften Phantasien von Großvater Antonio über die Mongolenfalte zum Trotz – mein Vater von ihr geerbt hat, und einem vollen, sinnlichen Mund.

Großmutter Yoi verfaßte Romane in bittersüßem Stil. Ausgangspunkt ihrer Reisebeschreibungen waren die großen Werke der Reiseschriftsteller des 18. Jahrhunderts. Aber sicher hat sie auch Flaubert, Lamartine, Mérimée und Madame de Sévigné gelesen und geliebt, deren Ironie, Distanz und liebenswerte kühne Art der Weltbetrachtung sich auch bei ihr finden. Von ihren Mitmenschen hatte sie eine eher laienhafte und ästhetisierende Vorstellung. Eine poetische Sensibilität, die sich in schmerzlich-blumigen Naturbeschreibungen ausdrückte. Mit mütterlichem, solidarischem Engagement widmete sie sich den Armen und Ausgeschlossenen, sie war gebildet und stets heiter. Sie liebte es, sich mit Kissen und Vorhängen aus indischem Stoff zu umgeben, mit Armreifen und rustikalen Halsketten, mit erlesenen chinesischen Kunstgegenständen. Von ihr besitze ich noch eine komplette Toilettengarnitur aus Schildpatt, auf der in Goldbuchstaben ihr Name steht: eine Bürste, eine rechteckige Schatulle, eine Puderdose, einen gerahmten Spiegel, einen Kamm, einen kleinen Wecker. Sie war eine Zeitgenossin von Virginia Woolf, und irgendwie teilte sie deren Ideale: Mit Zähnen und Klauen verteidigte sie ihre Freiheit als emanzipierte Frau, blickte mit einem gewissen Dünkel auf die Welt der Fanatiker herab, die meinten, die Überlegenheit einer Rasse über alle anderen beweisen zu müssen, sie war mit Berenson befreundet, liebte Ming-Porzellan, die Musik von Debussy und die Bilder von Kandinsky, und mit Sicherheit empfand sie eine starke Affinität zu dem sensibelsten und bizarrsten Zeitgenossen, dem Mann mit der strömenden Erinnerung, Marcel Proust.

Mein Vater soll an dem Tag, als seine Mutter starb, also während des Krieges, als wir im Konzentrationslager eingesperrt waren und seit einem Jahr keinerlei Nachrichten aus Italien hatten, ein seltsames Stechen verspürt haben, das ihm den Atem nahm und den Drang zu weinen in ihm auslöste. Erst als wir fast zwei Jahre später nach Florenz zurückkehrten, rekonstruierte er, daß sich das genau am Todestag seiner Mutter zugetragen haben mußte. Die Großmutter hielt sich wohl gerade im Garten auf, so wurde es zumindest vom Großvater geschildert. Es war Nachmittag, und er hörte, wie sie nach ihm rief: »Antonio! Antonio!« Er eilte herbei, aber da lag sie bereits auf der Erde, tot.

Auch ich wünsche mir einmal einen solchen Tod unter freiem Himmel. Ich hasse Krankenhäuser, Betten, Sauerstoffgeräte, den Geruch nach Desinfektionsmitteln, der sich überall festsetzt.

Großvater Antonio hingegen starb in seinem Bett in Torre di Sopra, und er soll der alten Köchin Ada, die ihn jahrelang versorgt hatte, noch zugerufen haben: »Es reicht, ich ertrage diesen Schmerz nicht länger, laß mich sterben!«, so groß war die Qual seines Herzens, daß es schließlich zersprang. Seltsam, ausgerechnet dieses Herz, das er schonen wollte, indem er es viele Jahre lang in einem Zustand konservierender Lähmung hielt, zerbrach wie ein explodierendes Triebwerk früher als alle anderen Organe.

Ich weiß noch, wie sein Leichnam in der Bildhauerwerkstatt mit den großen, hellen Fenstern aufgebahrt war. Er lag auf einem Tisch, der mit einem gelben Tuch bedeckt war. Der Arzt bat mich hinauszugehen, weil er ihm »eine Spritze geben« mußte. »Was denn für eine Spritze, er ist doch tot?« erkundigte ich mich neugierig. Und daraufhin erklärte er mir geduldig, daß Großvater testamentarisch verfügt hatte, man solle ihm Gift in die Oberschenkelarterie spritzen, weil er sichergehen wollte, daß er nach seinem Tod nicht plötzlich im Sarg wieder aufwachte, denn davor hatte er panische Angst, mehr als vor allem anderen.

Mir sind einige Geschichten wieder eingefallen, die man sich an jenem Abend nach dem Essen in der Loggia erzählte, da, wo es immer so gut roch, unter dem Jugendstil-Flachrelief der schönen Großmutter Yoi: So wurde von Leuten berichtet, die man für tot gehalten hatte und die, nachdem sie beerdigt worden waren, wieder aufwachten und vergebens an den Sargdeckel klopften. Später öffnete jemand den Deckel, aber da war es bereits zu spät: Bei dem Toten entdeckte man an den Händen die Abdrücke seiner Zähne. Um das auszuschließen, hatte mein Großvater sich eine hochdosierte Giftinjektion verabreichen lassen. Ich dagegen habe bereits in meinem Testament festgelegt, daß ich eingeäschert werden möchte. Mit Großvater Antonio verbindet mich ein unheilbares Grauen vor allem, was rundum geschlossen ist. So gehe ich nur ungern in Grotten. Nie im Leben hätte ich Höhlenforscherin oder Bergarbeiterin werden können. Aber gibt es überhaupt weibliche Bergleute? Oder handelt es sich tatsächlich nur um männliche Gesichter, die man gelegentlich in den Zeitungen abgebildet sieht, rußgeschwärzt, mit einem zerbeulten Helm auf dem Kopf, den Riemen unter dem Kinn festgezogen, in der Schwärze funkelnde Augen? Eine knappe Bildunterschrift meldet, wie es zum Erstickungstod kam.

Papa hat ihr eine japanische Puppe geschenkt.

Ich finde, D. sieht auf diesen Fotos ziemlich häßlich aus, die Puppe aber nicht minder! schreibt meine Mutter mit ungewohnter Ironie.

Mein junger Vater, seines Zeichens Ethnologe, wollte, daß ich mich an die Mythen und Träume einer Kultur gewöhne, die anders war als die unsrige. Ohne zu wissen, daß meine Initiation längst stattgefunden hatte, und zwar aus dem Munde meines unvergleichlichen, temperamentvollen Kindermädchens Moriokasan, das mir vor dem Einschlafen Schauermärchen von grausamen Gespenstern und furchterregenden Bewohnern unbekannter Wälder erzählte. Die japanischen Kindergeschichten sind auch brutaler als unsere. Man braucht nicht erst Bettelheim zu bemühen, um zu begreifen, daß sie die Funktion haben, das »kleine Ungeheuer, das in jedem von uns steckt«, zu enthüllen.

Das Märchen, das mein Vater mir immer erzählte, heißt *Der Mann ohne Gesicht,* und ich sehe noch seine Geste, wenn er so tat, als zöge er sich den Schal herunter, der ein mysteriöses Antlitz verhüllen sollte. In der Geschichte geht es um einen Hirten, der mit seinen Schafen unterwegs war. Eines Tages, vielmehr eines Abends, als die Schatten schon lang geworden sind, sieht er im Wald, wie sich ihm ein gutgekleideter Mann mit einem Hut auf dem Kopf nähert. Er glaubt, es handelt sich um einen Wanderer, der sich verlaufen hat, und freut sich auf ein Schwätzchen mit ihm. Seit Tagen ist er keiner Menschenseele begegnet. Als der Mann jedoch in Rufweite ist, bemerkt er, daß etwas mit ihm nicht stimmt. Der jugendliche Körper kommt immer näher, aber sein Gesicht ist leer, es hat weder Nase noch Augen. Der Mann sieht grauenhaft aus, weil ihm alle identifizierbaren Züge fehlen, und er bewegt sich in der Leere mit trügerischer Sicherheit, als schwebe er zwischen Himmel und Erde.

Der Hirte begreift, daß er ein Gespenst vor sich hat, und rennt voller Angst in Richtung Straße. Hin und wieder dreht er sich um, um zu sehen, ob der Mann ohne Gesicht ihm folgt. Und tatsächlich eilt dieser schnellen Schrittes hinter ihm her, so als wolle er ihm etwas sagen. Aber was wohl, wo er doch nicht einmal einen Mund hat? Der Hirte stürzt aus dem Wald, erreicht die Straße und erblickt ein Fuhrwerk, das auf dem Weg ins Dorf ist. Er nimmt die Beine in die Hand und jagt hinter dem Gefährt her. Schließlich holt er es ein und bedeutet dem Kutscher anzuhalten. Dieser zieht gerade noch rechtzeitig die Zügel an, damit der junge Hirte aufspringen kann, und setzt seine Fahrt fort. Völlig außer Atem läßt der Hirte sich neben dem Kutscher nieder und fängt an, von seiner Begegnung zu erzählen: »Ei... ei... ei... ein Mmmann«, stottert er, »ein... ein... ein... Mmmann ohne Gesicht.« Woraufhin der andere sich ihm zuwendet, seinen Schal vom Gesicht zieht und sagt: »So wie ich?«

Noch heute kann ich nachempfinden, wie mir der eisige Schreck in die Glieder fuhr, wenn mein Vater diese verhängnisvolle Geste der Selbstenthüllung nachmachte, während der Hirte sich längst in Sicherheit wähnte. Wenn er Lust hatte, war mein geliebter väterlicher Vater ein großartiger Erzähler mit Sinn für Spannung.

So viele Geschichten über Gespenster, über Vampire verlaufen nach dem gleichen Schema: Der junge Protagonist hat sich vor dem Angriff einer Gruppe Vampire gerettet, und jetzt glaubt er in den vertrauten Armen einer Mutter oder Ehefrau Schutz gefunden zu haben, aber bei näherem Hinsehen stellt er fest, daß in ihrem zärtlichen Lächeln Gier aufleuchtet und zwischen ihren Lippen unerwartet zwei kleine Eckzähne hervorblitzen.

Wenn Papa oder Mama D. beim Skifahren zu Hilfe kommen, jammert sie, als wolle sie sich entschuldigen: »Papa, ich kann es doch noch nicht, ich muß es erst lernen.«

Im Grunde ist sie noch zu klein. Sie schafft gerade ein paar Schritte in der Ebene. Wir lassen sie ruhig gewähren. Aber sie findet es herrlich, mit dem Schlitten gezogen zu werden. Das ist ja auch viel bequemer!

[...]

Jeden Tag, zwischen 11 Uhr und 12.30 Uhr, gehe ich mit ihr spazieren.

15 bis 20 Grad unter Null!

Papa läßt nicht locker, er will ihr unbedingt beibringen, wie man sich auf Skiern fortbewegt, aber D. glaubt nicht so recht, daß das möglich ist: »Ich kann nicht, Papa, ich rutsche! Ich bin doch noch klein!« Aber ab und zu, wenn er nicht in der Nähe ist, sagt sie: »Mama, jetzt bin ich groß, nicht? Ich will die Skier anziehen.«

Das mit den Skiern war stets ein Martyrium. Mein Vater hat mich nie an einem Skikurs teilnehmen lassen. Er schnallte mir die Skier an und sagte: Los! Dabei habe ich mehr schlecht als recht gelernt, mich auf den Beinen zu halten und geradeaus zu fahren. Erst über dreißig Jahre später habe ich die Initiative ergriffen, mir einen Privatlehrer genommen und gelernt, einen Hang im Zickzack hinunterzufahren und dabei auch mal die eine oder andere Kurve etwas rasanter zu nehmen, ohne gleich zu stürzen.

Mittlerweile mache ich nur noch Langlauf, denn da ich mir einen Oberschenkelbruch zugezogen habe, als ich – mit dem Fahrrad unterwegs – von einem Auto angefahren wurde, muß ich Stürze unter allen Umständen vermeiden. Aber auf den Geruch von Schnee kann ich einfach nicht verzichten. Manch einer wird behaupten, Schnee habe keinen Geruch, aber er irrt: Die Bewegung der Skier in dem weichen Staub und die Reibung, die die Stöcke erzeugen, wenn sie sich in das eisige Pulver graben, lösen kleine Duftwolken aus, die einem fast unmerklich in die Nase steigen. Ganz zu schweigen von dem leichten, angenehmen Knirschen, wenn man auf eine feste Schneedecke tritt.

Wenn ich heute den Blick vom Bildschirm meines Computers abwende, um aus dem vor mir liegenden Fenster meines Hauses in Pescasseroli zu schauen, und sehe, wie die kristallenen kleinen Schneeflocken auf die Laubkrone der Buchen fallen, erfüllt mich eine stille Freude am Leben.

Sie will ständig den Schnee essen, und Papa wird böse, fährt meine Mutter fort.

Dabei hat Schnee gar keinen guten Geschmack, er schmeckt wie Wasser ohne Salz, ganz fade und kalt. Es ist wohl eher das Körnige, was einen lockt: so als nähme man eine Sorbetkugel in die Hand und knabbere daran. Wer weiß, warum ich in schönen Momenten, in denen ich – von einer verhaltenen Sonne gewärmt – den kalten, körnigen Bissen zum Munde führe, an den Titel eines Buches von Jan Kott denke: *Gott-Essen.* Ein Titel, der jeden Gast, der zu mir nach Hause kommt, zu faszinieren vermag. Sobald die Blicke auf das Buch fallen, strecken sich auch schon die Hände aus, um es an sich zu nehmen und eifrig darin zu lesen. Aber kann man Gott denn essen?

Ich fange an, ein wenig Englisch mit D. zu sprechen, damit sie es lernt …

Ich habe ihr das erste Buch mit Nursery Rhymes gekauft, lese ihr daraus vor und übersetze es ihr.

Sofort lernt sie »Jack Horne«, sat in a corner, eating his Christmas pie, he put in his thumb, and pull out a plum and said what a good boy am I!, und D. wiederholt »vat a gubblemai!« und danach »Diccori diccori dock« und hier und da ein paar andere Wörter. Allmählich versteht sie »shut the door«, »some water please«, »come here« usw. Wenn ich die ganze Zeit nur Englisch mit ihr spräche, würde sie es im Handumdrehen lernen.

Aber ich wollte nicht Englisch sprechen, sondern Japanisch, denn das war die Sprache der Kaufleute, der Kinder auf der Straße, der Busfahrer, der Kindermädchen und der Lehrer. Italien interessierte mich nicht im geringsten, es war für mich ein fernes Land, mit dem ich nichts anfangen konnte. Ich wollte sein wie alle anderen, eine richtige Japanerin, mit allem Drum und Dran. Deshalb trug ich gern einen Kimono und hatte auch gelernt, stundenlang mit verschränkten Beinen dazusitzen, was ich heute nicht mehr kann. Ich prahlte damit, daß ich den örtlichen Dialekt sprach und mit den Kindern, die auf den Straßen Sapporos herumtobten, Wortspiele erfand.

D. nimmt meine ganze Zeit in Anspruch, sie gönnt mir nicht eine ruhige Minute (selbst auf die Toilette folgt sie mir!), und ohne mich schläft sie auch nicht ein. Manchmal bin ich ganz verzagt, doch ich hoffe, daß ich ihr das noch abgewöhnen kann. Im Moment ist sie immer noch unruhig von der turbulenten, endlos langen Reise.

Diese körperliche Abhängigkeit rührt mich. Sie erinnert mich an jene Bilder, die zuweilen über den Bildschirm flimmern, wenn wir Geschichten von Affen zu sehen bekommen, die in den Bäumen afrikanischer Urwälder herumspringen: Mit erhobenem Schwanz schwingt sich eine behende Affenmutter von Ast zu Ast, auf dem Rücken ein flaumiges kleines Etwas, das sich an sie klammert. In der Mutter-Tochter-Beziehung liegt eine Körperlichkeit, die durch nichts auf der Welt zu ändern ist, sie verbindet die beiden Körper, den kleineren mit dem größeren – selbst dann, wenn sie getrennt sind und sich nicht sehen –, in einer natürlichen Umarmung und wiederholt symbolisch die erste angenehme Wärme der ursprünglichen dunklen Behausung.

Der Körper, der in der verschwommenen Imagination eines Neugeborenen auftaucht, ist der der Mutter. Ein geheimnisvoller Berg, der das Kind beherrscht und beruhigt, es nährt und ihm auch Angst einflößt. Der Rausch der Milch, die ihm durch die Wärme einer Brust, die Kissen und Becher in einem ist, in die Kehle rinnt... wodurch ist das zu ersetzen?

She loves to play with the snow und will »Papa helfen, Schnee zu schippen«. Ich spielte die Große, war aber dankbar dafür, mich in den schützenden Gewässern meiner Mutter aufhalten zu können. Gelegentlich kommt es noch vor, daß ich einen Traum habe, der sich immer dann einstellt, wenn ich erschöpft oder ängstlich bin. Ich befinde mich des Nachts mitten in einem See. Das Wasser ist lauwarm und leicht. Und ich fühle mich ganz entspannt. Eine orangefarbene Lichterkette umschließt den See und gibt mir die Sicherheit, daß ich jederzeit die Küste erreichen könnte. Aber ich schwimme nicht. Ich bin einfach eingetaucht in dieses laue Wasser mit einem mich durchströmenden Wohlgefühl. Mein Blick wandert hinüber zu den beruhigenden Lichtern, die sich im dunklen Wasser des Sees spiegeln. Und dann denke ich, daß ich schließlich doch irgendwann ans Ufer schwimmen werde. Aber einstweilen fühle ich mich da, wo ich bin, gut aufgehoben: Ich genieße das stille, ruhige Bad im warmen Bauch der Erde.

Es ist ein friedlicher, heiterer Traum. Aus dem ich gestärkt erwache. Viele Jahre lang habe ich mich gefragt, was er wohl bedeuten mag. Bis ich mir sagte, daß es sich wahrscheinlich um eine unbewußte, quälende Sehnsucht nach dem mütterlichen Bauch handelt. Mit sechzig Jahren vielleicht ein bißchen spät, aber die Imagination folgt ihren eigenen Wegen, die nicht immer mit der Logik der Chronologie zu erkennen sind.

D. geht in die Schule! In den ersten Tagen bringe ich sie hin, denn sie hat ein wenig Angst vor »den kleinen Nonnen mit Hut«, aber von Tag zu Tag gefällt es ihr besser, und sie lernt Märchen, japanische Wörter.

[...]

Nachmittags schläft sie. Zum Einschlafen verlangt sie immer noch den Schnuller, eigentlich eine Schande! Aber ich sehe nicht ein, warum man ihr dieses kleine Laster nicht durchgehen lassen sollte, vielleicht hält es sie ja davon ab, sich andere anzugewöhnen. Trotzdem versuche ich so nach und nach, ihn ihr wegzunehmen.

[...] Jeden Tag nimmt sie ihr Frühstück mit (ein Sandwich mit hartgekochtem Ei, Tomaten, Käse und Obst). In der Schule bekommt sie eine Tasse Milch. Aber wenn D. um 2 Uhr nach Hause kommt, hat sie immer Hunger, und Saka-san gibt ihr, was ihr gerade in die Hände fällt. Ich protestiere, allerdings ohne Erfolg. Deshalb hat sie manchmal leichte Verdauungsstörungen, dann gibt es abends milk of magnesia – das wirkt Wunder. Am nächsten Morgen wacht sie mit sauberer Zunge und gutgelaunt auf.

Schon damals litt ich an Magengrimmen. Wie sagte doch meine Schwester Yuki immer: »Hast du heute morgen wieder Magengrimmen?« Seit jeher habe ich einen empfindlichen Magen. Oder besser gesagt, ich habe das, was die Ärzte »irritables Colon« nennen. Was ich im übrigen ständig zu ignorieren versuchte, indem ich einfach alles mögliche aß. Und es ist mir fast gelungen, meinen armen Darm mit den viel zu langen Windungen an alle möglichen Speisen zu gewöhnen, seien sie nun scharf, fett, exotisch oder würzig. Ab und zu jedoch ist er es leid, und dann rebelliert er, sträubt sich, krümmt sich und bereitet mir höllische krampfartige Schmerzen. Um das nervöse, aufgebrachte Organ wieder zu beruhigen, muß ich mich sofort mit einer Wärmflasche auf dem Bett ausstrecken und tief ein- und ausatmen. Und dann ein paar Tage Diät einlegen, die nur aus gekochtem Reis und lauwarmem Zitronensaft besteht.

Wenn das Wetter schön ist, gehen Papa, Mama und D. sonntags aus. Der 14. Mai: Cherry-blossom-Fest in Moroyama. Zuerst bestaunen wir die Menschen, die zu Hunderten essend, schlafend auf den Wiesen unter den Bäumen lagern. [...] D. ist begeistert von allem – sie kauft Süßigkeiten, ein Windrädchen –, dann verlassen wir die Menge und picknicken auf einer kleinen Anhöhe. Mama ist schon ziemlich dick und ein bißchen erschöpft. D. liebt die »sanduicci«.

Meine Mutter war mit Yuki schwanger. Aber sie begleitete uns immer noch auf unseren Ausflügen und Picknicks. Schwerfällig und ein bißchen erschöpft, aber zäh. Bereit, mich jederzeit auf den Arm zu nehmen, wenn ich es nicht schaffte, mit dem Tempo der väterlichen Märsche Schritt zu halten. »Papa, wann sind wir denn endlich da?« – »In fünf Minuten.« Aber aus diesen fünf Minuten, das wußte ich aus Erfahrung, konnten zwanzig werden und noch zwanzig und dann noch einmal zwanzig, ganze Tage lang wanderten wir, während ich immer darauf wartete, am Ziel anzukommen.

Meine Schwestern haben diese Neigung, die Zeit über alle Maßen zu überziehen, von ihm übernommen. Ich nicht. Ich bin pünktlich wie ein Soldat. Und häufig stehe ich wie angewurzelt irgendwo und warte. Margarethe von Trotta, mit der ich zwei Drehbücher geschrieben habe, hat einmal zu mir gesagt: »Du bist die Deutsche von uns beiden, nicht ich.« Und während sie das sagte, blies sie mir den

Rauch ihrer stinkenden Zigarette ins Gesicht, wohl wissend, daß ich anfangen würde zu niesen und zu husten. Sie lächelte freundschaftlich und setzte sich auf die Fensterbank meines Arbeitszimmers. »Jetzt verspreche ich dir, daß ich die Zigarette aus dem Fenster halte.« Zum Glück war es Anfang Juni. In Wirklichkeit war dieser provokante Rauch ihre Art des Protestes gegen meinen drastischen Zeitplan, gegen meine Forderung, um neun Uhr morgens mit der Arbeit zu beginnen, damit wir abends um acht aufhören konnten.

Mein Vater erschien immer in letzter Minute am Bahnhof. »Papa, sie haben schon gepfiffen, der Zug fährt gleich ab.« Und er rannte los, mein Handgelenk fest umklammert. Irgendwann kam ich nicht mehr mit, fiel auf die Knie, aber er blieb nicht etwa stehen, sondern lief weiter, riß mich quasi vom Boden hoch und schleifte mich hinter sich her, bis er den Waggon erreichte und seinen Fuß sicher auf das Trittbrett setzte. Mit einer Hand hielt er sich an den Türstangen fest und zog mich dann zu sich hoch, während der Zug bereits in voller Fahrt die nächste Station ansteuerte.

An der ersten Haltestelle stand er ungeduldig auf: »Ich hole uns was zu trinken.« – »Aber Papa, wenn der Zug dann ohne dich abfährt?« – »Mach dir keine Sorgen. Ich bin gleich wieder da.« Und weg war er. Ich ging zum Fenster, und mein Herz klopfte wie wild, so beunruhigt war ich. Ich sah ihn aus dem Zug springen, und schon war er hinter den großen Glastüren des Bahnhofsgebäudes verschwunden.

Die Minuten verstrichen. Der Zugführer pfiff. Der Zug setzte sich in Bewegung, und ich spürte, wie mir die Tränen über die Wangen liefen. Ich hatte meinen Vater verloren. Wie hätte ich ihn wiederfinden sollen, ich wußte doch nicht einmal, wo wir aussteigen mußten. Aber fünf Minuten später tauchte er mit strahlendem Lächeln und einer kleinen Flasche Limonade in der Hand aus dem hinteren Teil des Waggons wieder auf. »Da bin ich, Daciuzza, hast du Angst gehabt?«

Unglaublich, wie treu wir uns bleiben, selbst wenn wir uns bis zur Unkenntlichkeit verändern! *D. liebt die »sanduicci«,* schrieb meine Mutter. Noch heute »liebe ich Sandwiches« und Picknicks. Oft packe ich mit Freunden, die ständig mein Haus in den Bergen bevölkern, eine Unmenge von Brötchen mit Käse und Tomaten ein, und dann klettern wir damit die steinigen Pfade des Monte Marsicano hinauf, wo wir unter einem Ahorn oder einem Haselnußstrauch in der Nähe eines halb ausgetrockneten Wildbachs, von dem ein leichter Geruch nach verfaulten Blättern aufsteigt, unser Picknick abhalten.

Schon die Vorbereitung der Lunchpakete macht mir Spaß: das Brot in Scheiben schneiden, aber ja nicht zu dick, denn dann wäre es schwierig hineinzubeißen, aber auch nicht zu dünn, weil es dann zerbröckelt. Einen Tropfen Öl darübergießen, den Käse darauflegen, noch ein hauchdünnes Stück Tomate hinzufügen, das Ganze mit einer weiteren Scheibe Brot zuklappen und das Sandwich in eine Papierserviette wickeln. Wenn sich ein kleiner Berg von diesen weißen Päckchen angehäuft hat, stapelst du diese in eine große Tüte und stopfst sie dann in einen geräumigen Rucksack, zusammen mit einer Thermoskanne mit kaltem Tee, einer Handvoll gründlich gewaschenen reifen Pflaumen und in Streifen geschnittenen und bereits leicht gesalzenen Möhren oder Gurken. Ein anderer trägt ein oder zwei Flaschen Wasser, nach Möglichkeit nicht aus Plastik, aber das ist schwierig in die Tat umzusetzen, weil Glas viel mehr wiegt.

Dann erfolgt der langsame Aufstieg über die felsigen Pfade, in der rechten Hand einen am Wegesrand aufgelesenen Stock. Schließlich das Auskundschaften des Geländes und die Suche nach einem Rastplatz: Er soll eben sein, auch wenn er sich auf einem steilen Felsen befindet, in der Nähe eines fließenden Gewässers zum Kühlen der Getränke, er muß im Schatten eines dichtbelaubten Baumes liegen, weit entfernt von den Exkrementen der Kühe, um die herum Fliegen und Bremsen schwirren, und er sollte mit sauberem Gras bedeckt sein, ohne allzu viele stechende und kratzende Disteln. Es ist gar nicht leicht, einen solchen Platz ausfindig zu machen, vor allem nicht im verwilderten Gebirge der Abruzzen, wo jede Menge Kühe und Schafe weiden, die überall ihre Spuren hinterlassen. Also sind wir gezwungen, längere Zeit zu laufen, bevor wir eine Pause einlegen.

Zum Glück haben Kühe und ihre Exkremente keinen unangenehmen Geruch. Sie sind Pflanzenfresser. Aber sie haben alle möglichen Arten von Insekten an sich. Aus der Nähe betrachtet sieht ein trockener Kuhfladen bisweilen aus wie ein Bienenstock: übersät mit größeren und kleineren Löchern, in denen sich die Larven und die Eier zahlreicher, verschiedenartiger Insekten verbergen. Diese Kühe mit den sichelförmigen Hörnern, dem weißen Fell, dem breiten, schwarzen und feuchten Maul, die sich so langsam und geschickt zwischen den Bäumen und Steinen bewegen, erinnern an das verlorene Paradies.

Es sind die sanftmütigsten und freundlichsten Kreaturen, die man sich auf Erden überhaupt vorstellen kann. Sie verlangen nichts weiter, als daß man sie leben läßt. Sie fressen Gras, können trotz ihrer Stärke keiner Fliege etwas zuleide tun und betrachten die Welt mit ruhigen und nur halbwegs erstaunten Augen. Ich verstehe, daß die Inder sie für die reinsten, dem Himmel heilige Tiere halten, denen eine göttliche Macht innewohnt, und sie frei durch ihre Städte ziehen lassen. Selbst wenn sie schwitzen oder schmutzig sind, haben sie einen angenehmen Geruch nach Gras an sich. Ausgerechnet an diesen so sanften, himmlischen Tieren haben sich Spekulanten ausgetobt, indem sie versuchten, sie von Pflanzenfressern in Fleischfresser zu verwandeln, ihre Natur pervertierten und ihnen eine schreckliche Krankheit zufügten. Sobald diese entdeckt war, haben sie mit der gleichen Brutalität ihre Vernichtung betrieben. Abermillionen von diesen Kreaturen wurden vor den Augen einer desinteressierten Öffentlichkeit abgeschlachtet. Ist es möglich, daß der Schmerz von Tieren so wenig sichtbar, so wenig zu vermitteln ist?

An den Sonn- und Feiertagen sind Papa und D. jetzt immer allein oder mit japanischen Freunden unterwegs. Wenn D. müde ist, nimmt Papa sie auf die Schultern. Abends kehrt Dacina mit knallroten Bäckchen und lebhaften, glänzenden Augen nach Hause zurück.

Meine liebenswerte Mutter verschweigt, daß sie nicht mit uns kam, weil sie durch die Schwangerschaft zu schwerfällig geworden war. Sie hätte sich nicht so behende zwischen den Steinen am Fluß bewegen können, um sich den Weg mitten durch die Brombeersträucher hindurch zu bahnen.

Ob das der Moment war, in dem in mir, dem Kind, eine unbekümmerte Liebe zu dem verführerischen jungen Vater entbrannte, der an meiner Seite war? Ich weiß nicht genau, wie diese heftige Leidenschaft entstand, die mein kleines kindliches Leben vollkommen ausfüllte. Dennoch fühlte ich mich instinktiv mehr zu meiner Mutter hingezogen. Aber während sie der Felsen war, an den ich mich klammerte, um nicht den Berg hinunterzustürzen, reizten mich an meinem Vater seine häufigen Abwesenheiten und die Schwankungen seiner Zuneigung. Er machte sich allein auf seine weiten Reisen, im Gepäck die treue Leica aus schwerem Metall, und kam mit einer Unmenge von Fotos herrlicher, unerreichbarer Länder zurück. Vor allem die Gerüche, die er mitbrachte, waren unbekannt und schwer zu entschlüsseln, es waren Gerüche aus geheimen, duftenden Zimmern, von leichten, fernen Lüften, von Landschaften mit nie gesehenen Gräsern, Nächten mit nie geschauten Sternen.

D. wird immer größer, und fast täglich verändert sich ihr Ausdruck. Häufig ist ihr kleines Gesicht todernst, es zeigt Persönlichkeit. Sie hat einen starken Charakter – ist dickköpfig und beharrlich –, aber in den meisten Fällen gibt sie nach langer Debatte nach.

Das waren die ersten Lektionen in Logik. Die nicht immer auf unserer Seite ist. In welchem Alter lernt man eigentlich, daß das Rationalisieren der eigenen Interessen gefährlich ist für unser Wahrheitsempfinden? Das Debattieren war ein Netz in der Luft, das meine fliegenden Gedanken schließlich einfing und innehalten ließ. Auf die Dauer gewann es die Oberhand über meine Dickköpfigkeit. Die Diskussion, die eigene Interessen ausklammert, die Argumentation um ihrer selbst willen, die Auseinandersetzung, die auf jene festen Steine trifft, die den Strom unserer kühnsten Herausforderungen aufhalten. Ich glaube, am schwersten zu lernen ist die Logik, die wie eine klare mathematische Denkaufgabe angewandt wird. Der Instinkt verleitet immer dazu, den Verstand zu unseren Gunsten zu verbiegen: Etwas gefällt uns, kommt uns gelegen, also ist es richtig. Die eigenen Interessen rationalisieren: eine weitverbreitete Praxis, vor allem bei Marktschreiern, und schon deshalb sehr unpädagogisch. Ohne jegliches Vertrauen in die Logik als objektives Instrument für Realitätssinn und bereit, immer gleich loszuschreien, um die eigene Wahrheit gegen die der anderen durchzusetzen, wird die Politik des »pro domo« die reine, uneigennützige Freude an der Debatte noch unzählige Male mit Füßen treten.

13. April 1939

Porträt von Mama.

D. spielt mit buntem Papier und bekritzelt es gern. Jetzt will sie Personen malen und ärgert sich, daß es noch nicht richtig klappt. Aber das ist eine schöne Zeichnung!, schreibt meine Mutter skrupellos und klebt eine Vogelscheuche auf die Tagebuchseite. Wie heißt es doch so treffend in Neapel: Selbst ein Mistkäfer ist in den Augen seiner Mutter schön.

Trotz der Unterrichtsstunden bei einer Fee mit scharfem Gehör und spitzer Nase ist es mir niemals gelungen, Farben harmonisch auf ein Blatt Papier zu bringen. Die Fee war Adriana Pincherle, meine Zeichenlehrerin im Internat des Annunziatenordens in Florenz und Schwester von Alberto Moravia. Sie sah wirklich aus, als käme sie geradewegs aus einem Märchen mit Zwergen und verzauberten Wäldern, wenn sie keuchend herbeieilte in den um ihre langen Beine schlotternden Röcken, mit der Aktenmappe unter dem Arm, den lockigen Haaren, die ihr langes, scharf geschnittenes und stets überraschtes Gesicht einrahmten. Unter den vielen rundlichen, leicht durchschaubaren Lehrerinnen, unter den vielen vernünftigen, phantasielosen Köpfen stach sie wie ein argloser, unschuldiger Stern hervor. Die Geduld entspann sich wie ein heimlicher ruhiger Faden, der aus den ungeschickten Händen der Schülerinnen in ihre glitt, die lang und leicht waren. Ihr war eine schüchterne, wachsame Weisheit zu eigen. Sie konnte mit ihren Schülerinnen lachen und sie mit Aufmerksamkeiten überhäufen. Alle waren ein wenig in die Fee Adriana verliebt. Und sie begegnete diesen Schwärmereien meist mit einem verlegenen kleinen Lächeln der Zufriedenheit.

Am 10. Juli 1939
um 10.10 Uhr ist Luisa Yukiko geboren
Gewicht 3200 g
Größe 53 cm
häßlich –
Haare: dunkelblond
Augen: länglich, schmal, dunkel (grau?)
Nase: riesig
Mund: riesig
Hautfarbe: fleckig
Kleine gerötete Stelle unter rechter Augenbraue
Papa und Mama enttäuscht, weil es kein Junge ist.

Diese schroffe Beschreibung meiner Schwester könnte den Ursprung ihres ganzen Unglücks symbolisieren. Die Enttäuschung bei Mama und Papa, aber insbesondere bei Papa, der unbedingt einen Jungen wollte, hat einen Schatten auf ihr kleines Kinderleben geworfen. Trotz der Liebe, mit der sie dann überschüttet wurde, ist es, als hätte diese erste Enttäuschung dazu geführt, daß sie sich nur als ein vorübergehender Gast im Hause des Lebens fühlte.

Am nächsten Tag geht es Mama wieder gut. Yuki hat reichlich getrunken. D. hat sie gesehen und ist begeistert von ihr. Sie will sie auf den Arm nehmen – will ihr Bonbons mitbringen – will sie mit nach Hause nehmen!

Wir gratulieren zur Geburt Ihres kleinen Fräulein Tochter!
Ihre Masayosi Oeda und Hiroyuki Miyasawa.

Große Bänder, kleine Bänder, allesamt aus Papier. Die Finger setzen sich mit sensationeller Geschicklichkeit in Bewegung und binden Willkommensschleifen mit vielen guten Wünschen darauf. Ein kleines Mädchen kommt auf die Welt. Aber wo war es vorher? Ich wußte, daß es sich im Bauch der Mutter befand. Dort schlief es und trank es wie die Fische. Aber davor, bevor es in dieses Haus aus Fleisch und Blut flüchtete, wo war es da? Gab es einen Ort, wo die Kinder sich ausruhten und darauf warteten, geboren zu werden? Vielleicht habe ich mir diese Fragen erst einige Jahre später gestellt, aber gewiß sind sie uralt. Ich erinnere mich an ihren Geschmack, der sich für mich mit kaltem Reis und dem Säuerlichen der Zukemono verband, des in Salz eingelegten pikanten Gemüses.

Die Fragen, die die Geburt betrafen, gingen häufig mit Fragen zum Tod einher: Gab es einen bestimmten Ort, wohin die Toten gingen? Und wo war er? Und konnten sich die Toten von dort ab und zu auf die Erde begeben, um die Hinterbliebenen zu grüßen, oder war ihnen dies untersagt? Konnten sie, wie die Japaner behaupteten, mit einem anderen Aussehen auf die Welt zurückkehren, oder waren sie gezwungen, auf immer und ewig im Paradies eingesperrt zu bleiben? Und wie war dieses Paradies? Ein Garten, in dem es nach Gardenien duftete, mit Pflanzen, an deren Zweigen die süßesten Früchte hingen, mit Flüssen aus Milch und Schokolade? Oder war es eine grelle Wüste, wo keine Bäume wuchsen und die armen Toten mit vor Hitze heraushängender Zunge umherliefen und sich des Nachts in Löchern verkrochen, die sie in den Sand gegraben hatten?

Auch auf den Fotos lächelt meine Schwester Yuki kaum. Ist es möglich, daß in ihren Augen der Schmerz ganz still und unbemerkt wie ein Strauch heranwuchs? Kann die Enttäuschung der Eltern einen solchen Kummer in einem seiner selbst noch unbewußten kleinen Kind auslösen, das gerade erst aus dem Dunkel eines fürsorglichen, freundlich gesinnten Bauches geschlüpft war? Schwer zu sagen. Tatsache ist, daß Yuki immer eine unterschwellige und unerklärliche Feindschaft gegen sich selbst hegte. Sie bekam alle erdenklichen Krankheiten. Verschiedene Male hat sie sich ganz furchtbar verletzt. Schließlich plagte sie ein seltsames, rätselhaftes Gebrechen, das ihr nach und nach die Finger verkrüppelte, ihr die Stimme nahm – eine wunderbare, fließende, süße Stimme, wohl ein Erbe von Großmutter Sonia –, eine Krankheit, die sie frühzeitig sterben ließ. Auf Zehenspitzen hat sie sich davongeschlichen, um nicht zu stören, erdrückt von der Last ihres heimlichen Unglücks, eingegipst in ein Leiden, das ihre Knochen verkalkt hatte. Ihr Tod ist eine nie verheilende Wunde. Ich versuche, Yuki in meinen Gedanken festzuhalten wie einen liebevollen Geist, aber sie rennt weg, flüchtet; wohin flüchtest du, wohin? Die Toten neigen dazu, vor uns zu fliehen. Sie werden immer jünger, während wir immer älter werden. Mit der Zeit verwandeln wir uns in ihre Mütter und dann in ihre Großmütter. Warum drehen sie sich eigentlich niemals um?

Dennoch bewahre ich in meinem Gedächtnis glückliche und unbeschwerte Erinnerungen an die Zeit mit meiner Schwester Yuki. Die sich, zwischen Grille und Ameise, gewiß auf seiten der ersteren befand: auf einem Zweig sitzen und freudig zirpen, ohne daran zu denken, daß der Winter hereinbrechen und der Zweig abbrechen könnte und sie dann ohne Haus und ohne Nahrung dastünde.

Dessenungeachtet schien sie glücklich zu sein, wenn wir in unserem Häuschen in Kyoto heiße Omochi verspeisten, die kleinen Reiskuchen, die in kalte Sojasoße gedippt werden. Und wenn wir im Dunkeln in unseren nebeneinanderstehenden Betten lagen und uns wieder und wieder die schreckliche Geschichte von dem Gespenst ohne Gesicht erzählten, die unserem Vater so gut gefiel, strahlte sie Fröhlichkeit aus. Und beim Spielen in Impero, im Internat des Annunziatenordens von Florenz, wenn wir von einer Seite des Innenhofs auf die andere rannten, eingezwängt in unsere grauen Schuluniformen mit den Faltenröcken, erweckte sie den Eindruck, als freue sie sich, auf der Welt zu sein. Und wenn wir zu Fuß von Bagheria nach Aspra gingen, im Rucksack Badeanzüge und Brötchen, und wetteiferten, wer von uns beiden von einem höheren Felsen des Monte Zafferano ins Meer springen konnte, schien sie völlig im Einklang mit ihrem Körper zu sein, ohne einen Zweifel, ohne Furcht vor der Welt. Und wenn ich morgens in Rom auf sie wartete, um mit ihr zusammen in die Schule zu gehen, und sie immer zu spät und mit zwei verschiedenfarbigen Söckchen ankam, lachten wir, bis wir Bauchweh hatten, und in ihren ruhigen Augen war keine Spur von Angst. Und als wir schließlich erwachsen waren und beide verheiratet, beschlossen wir ab und zu, ein japanisches

Abendessen zuzubereiten, und wenn wir dann gemeinsam auf den Markt gingen, um Fisch zu kaufen, und später den Reis mit etwas scharfem Wasabi in die dunklen Algenblätter rollten und heißes Wasser über den grünen Tee gossen, dann lag eine kluge, anmutige Resolutheit in ihren Gesten, die ein langes, glückliches Leben verhießen.

Aber so war es nicht. In ihrem zarten, hellhäutigen Körper trug meine Schwester Yuki ein Übel mit sich herum, das sie auf die Dauer zerstören würde. Die Intensität ihres Leids entdecke ich auf einem Foto wieder, als sie sieben Jahre alt war und wir beide kurz vor unserem Eintritt ins Internat standen. Unsere Mutter hatte uns zu einem traditionellen Florentiner Fotografen gebracht, der seine etwas unscharfen Porträtaufnahmen, wie sie damals im Film modern waren, nur mit einem Schnörkel signierte. Auf meinem Foto halte ich den Kopf schräg und habe ein leicht verlorenes, aber vertrauensvolles, vielleicht auch egoistisches Lächeln auf den Lippen. Yuki hingegen hat hoffnungslos traurige Augen, als erahne sie eine bittere, dornenreiche Zukunft. Am grausamsten in diesem kindlichen, verängstigten Blick ist die Kapitulation: eine totale und ganz sanfte Kapitulation vor einer disharmonischen Zukunft.

Dieser alte Ainu erweist uns die Ehre, Luisa Yuki nach dem Ainu-Ritus zu »taufen«, schreibt meine Mutter mit einiger Ratlosigkeit angesichts der aufwendigen multiethnischen Maßnahmen, die ihr Mann im Hinblick auf seine kleinen Töchter ergriff.

Yuki so klein, weiß, sauber und zart in den schmutzigen behaarten Armen ... aber was für ein sympathischer, guter Mensch! Und alle anderen wollten sie ebenfalls im Arm halten und einer nach dem anderen seinen »Willkommensgruß zum Eintritt ins Leben« an sie richten.

Das Volk der Ainu – jahrelanges Studienobjekt meines Vaters in der Gegend um Sapporo – unterscheidet sich schon rein äußerlich von den Japanern durch seine Größe, seine weiße Haut und die gewellten Haare; angeblich sollen sie in grauer Vorzeit aus dem Norden gekommen sein und in jenen eisigen Breiten überlebt haben, indem sie Bären jagten. Nachdem sie tausend Jahre in schwieriger Gemeinschaft mit den Japanern verbracht hatten, sind sie mittlerweile auf wenige hundert alte Menschen reduziert, die nicht mehr die eigene Sprache sprechen und glücklich und zufrieden, wie es Menschen sind, die zur Schau gestellt werden, unter den Blitzlichtern der Fotografen und der Aufmerksamkeit der Anthropologen dem Aussterben entgegengehen.

In den vierziger Jahren war mein Vater gerade noch rechtzeitig gekommen, um die Bekanntschaft einiger alter Jäger zu machen; er hat sie in ihren Hütten fotografiert, während der Rituale bei der Bärenjagd, in ihrer Kleidung mit den schwarzweißen geometrischen Zeichnungen, die Gesichter mit Pech und Karmesin bemalt. Seit dieser Zeit hat sich die Situation dahin gehend verschlechtert, daß sie mittlerweile nur noch als historische »Zitate« existieren.

Nur einmal, als ich mich mit Pasolini und Moravia in Afrika aufhielt, hatte ich ein ähnliches Gefühl gegenüber einigen nackten Pygmäen, die ihren Traditionen, ihrem Land auf schmerzliche Weise Lebewohl zu sagen schienen. Sie waren Geschöpfe des Waldes, und die Wälder wurden beziehungsweise werden immer stärker dezimiert, so daß die kleinen Pygmäen mit den klugen, glänzenden Augen nicht länger über ausgedehnte Jagdreviere verfügen; und obendrein sind die Tiere verschwunden, nachdem man sie mit der Anlage neuer Plantagen, dem Bau neuer Straßen sowie einer intensiven Bewirtschaftung entweder getötet oder verjagt hatte. Folglich werden die Pygmäen heutzutage von den benachbarten Völkern als Sklaven gehalten, oder sie spielen den Hanswurst für Touristen und sind Bettler.

Die Besucher filmten sie, das gleißende Licht der Fernsehkameras brachte sie zum Schwitzen, aber sie lächelten freundlich, ja sogar ein wenig narzißtisch, denn schließlich brachten ihnen diese Auftritte Geld ein und waren somit zu einer wichtigen Einkommensquelle geworden. Ihr knapper Lendenschurz, ihr pathetischer, blättergeschmückter Schopf sind mittlerweile nur noch Requisiten. Sie haben alles verloren: die Sprache, das uralte Wissen, die Kenntnisse vom Hausbau, von der Jagd, vom Umgang mit Tieren. Statt dessen haben sie sich dem fröhlichen Betteln desjenigen verschrieben, der sich zur Schau stellt und so viel herauszuschlagen versucht, wie herauszuschlagen ist, stets im Bewußtsein des damit verbundenen sittlichen Verfalls.

Eine Mimmina, D. hat sie ganz allein gemalt. Und darunter: *Porträt von Yuki-chan, denn »chichiai chichiai«.*

Die meinen Zeichnungen entgegengebrachte

Aufmerksamkeit scheint mir, offen gestanden, übertrieben. Es waren fürchterliche Bilder, die jegliches zeichnerische oder malerische Talent vermissen ließen.

Das hindert mich jedoch nicht daran, mit schöner Regelmäßigkeit Museen und Kunstgalerien aufzusuchen. Was mich an den Bildern am meisten bewegt, ist das Rätselhafte einer nur angedeuteten Geschichte. Die eindringlichen, geheimnisvollen Porträts von Rembrandt, Vermeers kulissenhafte Landschaften, Magrittes philologische Spiele, die mysteriösen Räume von De Chirico, die Stille bei Piero della Francesca, die rituellen Schreie bei Chagall.

»Wieviel Paar Schuhe ich wohl schon abgelaufen habe«, wenn ich auf meinen Reisen durch die Museen ziehe. Sie sind meine bevorzugten Ziele. Häufig nehme ich dort sogar noch eine Mahlzeit ein. Mir gefällt die Zeichenkurs-Atmosphäre, die den Museumsrestaurants eigen ist, wo die Kellnerinnen auf leichten Schühchen umherlaufen und mit einem Satz aus den Bildern von Manet gesprungen zu sein scheinen, wo die Torten in den Glasvitrinen an die Stilleben eines flämischen Malers erinnern und wo die Luft von bläulichen Schwaden durchzogen ist.

Ich stürze mich auf die großen Ausstellungen einzelner Künstler, selbst wenn ich eine Stunde lang in der Schlange stehen muß, wie es mir vor nicht allzulanger Zeit in Paris passiert ist, bei der großen La-Tour-Ausstellung, die mich auf immer und ewig in ihren Bann gezogen hat. Niemals habe ich so viele Bilder von La Tour an einem einzigen Ort vereint gesehen. Und bis dahin hatte ich mir keine Vorstellung gemacht von dem intensiven, zutiefst dramatischen Wesen dieses lothringischen Künstlers. Das gesamte Interieur seiner Gemälde verwandelt sich nach und nach in pulsierende Bühnen des Geistes. Genau wie auf Theaterbühnen sieht man, daß die Lichter aus bestimmten erkennbaren Quellen kommen, die geschickt verteilt sind, um eine dramatische Wirkung zu erzielen. Unzählige Schatten, die sich in intelligenter Nuancierung auf die Münder, auf die Haare, auf die Finger, auf die Füße der Akteure legen. Es mag schon sein, daß das Theater eines der geheimnisvollsten und am häufigsten aufgesuchten Räume meiner Gedanken ist. La Tour hat die Türen dieser Räume weit geöffnet, ist selbstsicher hineingeschritten, hat sich auf einem aus Stroh geflochtenen Stuhl niedergelassen, den er sich aus einem Bild von van Gogh geborgt hat, hat ein Bein über das andere geschlagen und angefangen, mit heiserer Stimme über das Frankreich seiner Zeit zu sprechen: »Diese Tränen, diese Tränen des heiligen Petrus, ich weiß nicht, wie ich sie entdeckt habe … Auch wenn mein König, mein Ludwig XIII., mir vor seinem Tod gesagt hat: Mach, was du willst, mach nur, mach … aber vergiß das Weinen des heiligen Petrus nicht … es war ein Auftrag ohne Bedingungen, aber die übermäßige Freiheit kann einen auch umbringen … wie sehr ich auch mit dem Pinsel hin und her fuhr, die Tränen wollten mir einfach nicht gelingen … armer Petrus, so allein mit seiner Reue …« Man schrieb das Jahr 1645.

Eine immerwährende Freude, wenn Bilder zu Möbeln werden und Geschichten erzählen.

10. September – mit genau 2 Monaten hat Yukiko angefangen, ihre Händchen zu betrachten, und wenn man sie anspricht, kommen als Antwort kleine gurgelnde Laute »grh« – »a-wru« etc.

Mit Yukikos Bauchnabel stimmt was nicht – mit ihr zum Krankenhaus, Dres. Nagai und Tanagni – nichts Schlimmes – kleine »Granulation«. Wir müssen eine ganze Woche lang verschiedene Mittel zur Kauterisation anwenden.

Nach dem siebten Mal ist alles in bester Ordnung.

16. September, sie nimmt zweimal am Tag Patrogen (8 »speziell« gehäufte Teelöffel jedesmal), der Rest ist für mich – Zeitplan: 4.30 Uhr, gegen 8/8.30 Uhr, gegen 12–13 Uhr, gegen 16–17 Uhr, gegen 21–22 Uhr.

Ich nehme es nicht so genau mit den Zeiten – es hängt davon ab, wann sie aufwacht und ob sie weint oder nicht.

Was soll man zu dieser gewissenhaften jungen Frau sagen, die nachts um halb fünf aufsteht, um ihrer kranken Tochter die Medizin zu verabreichen? Sehr wahrscheinlich wird das Ganze verständlicher, wenn man ihre Geschichte kennt: die Beziehung zwischen ihr, als Kind, und ihrer Mutter, einer wunderschönen, sinnlichen Frau, die so frei war, daß sie ihre Töchter der Obhut ihres Mannes überließ, der sich seinerseits in einen geduldigen und zärtlichen mütterlichen Vater verwandelte.

So haben in der Tat die beiden Schwestern Topazia und Orietta ihren Vater wie eine liebevolle, duldsame Mutterfigur geliebt. Während sie der zu sehr in sich selbst verliebten eigentlichen Mutter, die sie vernachlässigte und allein ließ, mit Groll begegneten. Irgendwann hat diese sich sogar einmal mit einem anderen Mann auf und davon gemacht. Entgegen jeglicher sizilianischer Tradition hat ihr Ehemann sie gewähren lassen. Und als sie sich zur Rückkehr entschloß, hat er ihr mit einer Nachsicht die Türen geöffnet, die die Töchter für »übertrieben« hielten.

Diese Parteinahme für einen Muttervater hat meines Erachtens die beiden Schwestern Top und Ori, wie sie sich untereinander nannten, zusammengeschweißt. Dabei waren die beiden Mädchen so unterschiedlich wie Tag und Nacht: die eine, Orietta, brünett, mit dunklen Augen und einem warmen Lächeln, das zugleich scheu und abweisend war. Die andere, Topazia, blond, mit blauen Augen, extrovertiert und sportlich. Sie waren unzertrennlich, gingen liebevoll miteinander um und konnten sich stets aufeinander verlassen. Noch heute telefonieren die beiden über Achtzigjährigen jeden Tag und halten sich im Geiste an den Händen, auch wenn sie in weit auseinanderliegenden Städten wohnen und Kinder und Enkel haben, die ihre ganze Energie beanspruchen. Orietta heiratete Gianni Guaita, einen jungen Pisaner, groß, schlank und wortkarg, der vortreffliche Romane und kluge Fabeln in dramatischer Form verfaßte und sich mit Leidenschaft der Politik widmete. Unerschrocken und selbstlos beteiligte er sich im Sizilien der fünfziger Jahre an den großen Kämpfen der Bauern um Grund und Boden, er war ein mutiger Gewerkschaftler, riskierte sein Leben im Kampf gegen die Mafia und entging dabei mehrmals knapp einem

Massaker, sei es aufgrund seiner ungeheuren Naivität, die nämliche Mafiosi mit Erstaunen registrierten, sei es wegen seiner gewagten Strategie, stets die Wahrheit zu sagen, was ihn in jener Region und zu jener Zeit zu einem Außenseiter machte.

Ich hörte ihn ein paarmal über seine Beziehung zur »Herzogin Sonia« erzählen, die ihm die über alles geliebte Orietta nicht zur Frau geben wollte. Großvater Enrico, der nachsichtig war, hatte gesagt: »Macht, was ihr wollt, Hauptsache, Orietta ist glücklich.« Aber die Mutter nicht, sie wollte einen ganz anderen Ehemann für ihre Zweitgeborene. Einen Aristokraten oder zumindest einen mit Geld. Gianni war weder reich noch Aristokrat. Und sie machte ihm das Leben zur Hölle, bevor sie ihm schließlich ihre Einwilligung gab. Eine Einwilligung, die sich die beiden »Tauben« (so nannten sie sich untereinander: »Taube und Tauber«) bereits durch ihr Zusammenleben verschafft hatten. Aber damals war es undenkbar, ohne die Einwilligung der Brauteltern zu heiraten.

Von den Erzählungen meiner Mutter über das Leben in der Villa Valguarnera, als sie klein war und es dort von Kindern nur so wimmelte (die Cousins und Cousinen ersten und zweiten Grades), habe ich mich inspirieren lassen, um das zwei Jahrhunderte zurückliegende Leben von Marianna Ucrìa und ihrer Geschwister zu beschreiben. Als ich in den ersten Nachkriegsjahren dort lebte, war das stattliche, wunderschöne Anwesen nahezu eine Ruine: Die Wände stürzten ein, durch das Dach drang Regenwasser, die Statuen im Garten waren gestohlen oder zerstört, Unkraut überwucherte die prächtige

Gartenterrasse. Außerdem hatte ich keine Cousins oder Cousinen zum Spielen. Oriettas Kinder – die sanftmütige Anna, an der ich am meisten hänge und die heute mit ihrem Mann, einem Musikwissenschaftler, in New York lebt, wo sie als Journalistin tätig ist, Enrico, der an der Universität von Florenz lehrt, und Carlo, seines Zeichens Bildhauer – wohnten damals woanders, und ich tollte mit den Töchtern des Kuhhirten, Ena und Ina, herum.

Yuki-chan und Mama in einem Yadoya in Tokio. Ende Oktober '39. Yuki saugt langsam und ist frühestens nach 25 Min. satt ... Leichte Magenverstimmung. Wenn ich ihr weniger Milch gebe, weint sie jämmerlich. Der Arzt hat mir Medikamente für Yuki-chan geschickt – am 7. August geht es ihr wieder gut.

Wie zärtlich sich meine wunderschöne Mutter auf dem Foto meines Vaters über die kleine Yuki-chan beugt! Grund genug, eifersüchtig zu werden, nachdem zuvor die ganze Aufmerksamkeit der älteren Tochter gegolten hatte. Aber zum Glück ist es nicht so: *D. ist so lieb zu Yuki – sie schaukelt sie, spricht mit ihr – hält ihr das Fläschchen.*

Es sind die ersten Jahre, die ein Leben entscheidend beeinflussen. Ob es an diesen frühkindlichen mütterlichen Neigungen lag, daß ich niemals unter Neid und Eifersucht gelitten habe? Könnte es die gute Beziehung zu der kleineren Schwester gewesen sein, die mir erlaubte, den Klauen der Verlustangst zu entrinnen? Oder war es vielmehr die außerordentliche Großherzigkeit meiner Mutter, die das Gedeihen dieser häßlichen Pflanze verhinderte?

Tatsache ist aber auch, daß ich ausgerechnet zum Zeitpunkt der Geburt meiner Schwester an einer Ohrenentzündung erkrankte. Wenn ich mich auf Groddecks Deutungen in seinem *Buch vom Es* stützen wollte, könnte ich sagen, daß ich meine natürliche Eifersucht umleitete und die Aggressivität gegen mich selbst richtete. Ob es wirklich so war? Der Totalitätsanspruch von Kindern ist nur die Spitze des Eisbergs, der unter den Fluten unklarer Gefühle verborgen ist. Man kann seine Ausmaße ignorieren, dennoch vermag er ein Schiff zum Sinken zu bringen in dem Moment, wo der Rumpf auf die unterseeischen Massen aufläuft.

10. Dezember. Tokio

D. wird am General Hospital, Yokohama, von Dr. Stedefeld operiert. Zum Krankenhaus gefahren – sehr schön – sehr sauber – elegant – von englischen, russischen, französischen und japanischen Nonnen geführt. Um 12 Uhr – erste Injektion – keinerlei Wirkung. Um 1 wird sie abgeholt. Weder Fosco noch ich dürfen mit in den Operationssaal. Um 14.20 wird sie auf einer Bahre zurückgebracht – bewußtlos, sich ständig übergebend mit der Gefahr, daß sie erstickt, weil sie bewußtlos ist. I really thought she was going to die. Breathing through instrument – horrible to see and hear. After 2 hours woken – »Mama« quarrelled with the Direktorin who won't let me stay by her »she doesn't understand, she ist absolutely bewußtlos [...]«. I went and she embraced me crying »mamà, mamà doshite meme ma gatte no« so pathetic staring round mit vom Äther geweiteten Pupillen.

Die Angewohnheit meiner Mutter, in kritischen Momenten Englisch zu sprechen, ist geblieben. Vielleicht mit einigen italienischen und japanischen Einschüben. Ich glaube, das kommt von den englischen Hauslehrerinnen, von denen sie mir verschiedene Male erzählt hat: »›I am agnostic‹, sagte Miss Ingram. Und ich: ›Was bedeutet agnostic, Papa?‹ – ›Das heißt, daß sie sich von all den vielen Religionen fernhält. Aber du, Topazietta, mußt erst mal die verschiedenen Religionen kennenlernen, und dann entscheidest du dich.‹ – ›I am agnostic‹, wiederholte Miss Ingram monoton, wobei sie den Kopf in die Hände stützte«, erzählt meine Mutter schmunzelnd.

Großvater Enrico erwies sich als moderner, aufgeklärter Vater. Mit einem Lächeln ging er über die Strenge anderer hinweg, behandelte die Kapricen seiner Frau mit Nachsicht und versuchte, die Töchter zu leiten, ohne sich dabei wichtig zu machen. Er war Vegetarier und Anhänger von Rudolf Steiner. Sein Buch über die vegetarische Küche findet immer noch weltweit Beachtung.

»Miss Ingram war durch und durch spartanisch. Bei jedem Wetter, ob Regen oder Schnee, mußten wir hinaus ins Freie. Sie empörte sich, wenn die Sizilianer sagten: ›Arme Kinder, bei dieser Kälte …‹ Für sie war körperliche Züchtigung mit der Peitsche notwendig: Faulheit, Schwäche, Klagen, Säumigkeit – all das war verpönt. Man hatte stets bis ins letzte seine Pflicht zu erfüllen.

Sie hatte ein paar fixe Ideen: zum Beispiel Damenschuhe aus Glanzleder mit Absatz – die waren ihr ein Greuel. Für uns kleine Mädchen bestellte sie flache, sportliche Knabenschuhe. Außerdem war sie ganz auf Gesundheit aus: Porridge mit Milch am Morgen, mittags erlaubte sie uns, mit der Familie am Tisch zu sitzen, aber wir durften nicht den Mund aufmachen. Kein Wort an die Erwachsenen richten, ohne gefragt zu werden. Abends gewährte sie uns eine Tasse Kakao und zwei Scheiben Brot mit Butter. Und dann marsch ins Bett. Morgens um elf hatte ich meinen Stuhlgang zu haben. Sie sperrte mich ins Bad, und ich durfte erst herauskommen, wenn es funktioniert hatte. Heute mache ich das noch genauso.«

In den aristokratischen Familien Siziliens war es gang und gäbe, für ihre Söhne und Töchter Gouvernanten aus dem Ausland, aber vor allem aus England, zu engagieren. Man muß nicht unbedingt die Romane der Schwestern Brontë gelesen haben, um sich eine Vorstellung vom Leben dieser Fräulein machen zu können, die die reichen Paläste des sizilianischen Adels auf leisen Sohlen betraten und sich den zahllosen Unterschieden in der Mentalität, in den Vorlieben oder Gewohnheiten mit stoischem Gleichmut stellten. Jahrelang lebten sie weit weg von zu Hause, in einer abgelegenen Dachstube, und waren zur Einsamkeit verurteilt; zwar begegnete man ihnen normalerweise mit Liebenswürdigkeit, aber am Familienleben durften sie nie wirklich teilhaben. Mit ihrem bescheidenen Gehalt führten sie ein würdevolles Leben, erzogen die Mädchen, die nicht wußten, wie ihnen geschah, nach strengen Regeln und schlossen sie am Ende sogar ins Herz.

Aber genau in dem Moment, wenn sie gelernt hatten, sich mit dem komplizierten Charakter der Insulaner mit den »barbarischen« Vorstellungen zu arrangieren, wenn es ihnen gelungen war, einige emotionale Pflänzchen in den Herzen ihrer Schützlinge heranzuzüchten, mußten sie diese ihrem Schicksal als Ehefrau überlassen und sich mit wenig Gepäck und vielen bitteren Gedanken auf den Weg machen in ein anderes Haus, zu einer anderen Familie.

Die Vergeltung bestand, wenn möglich, darin, das männliche Herz eines Vaters, eines Bruders zu erobern und den einen oder anderen zum Traualtar zu führen, wie die hervorragende brasilianische Regisseurin Maria Luisa Bemberg in ihrem bewegenden Film *Miss Mary* schildert. Aber das geschah nur ganz selten einmal.

»Ich hatte drei Gouvernanten«, erzählt meine Mutter heute mit ihrer unverwechselbar frischen, klaren Stimme, während sie auf meiner Terrasse in Rom sitzt: »Die Schottin Miss Ingram, dann Miss Healey und Miss Toovey. Miss Healey war viktorianisch erzogen und von ebensolcher Denkart, mächtig stolz, daß sie bei Hofe vorgestellt worden war und die Schule für Gouvernanten absolviert hatte. Sie war eine ausgezeichnete Erzieherin in allen Fragen der Etikette: Sie brachte uns bei, wie man betagte Tanten, ältere Menschen und verheiratete Personen angemessen begrüßt, wie man Sätze in gutem Englisch formuliert oder daß man zu allen freundlich zu sein hat, insbesondere zu Untergebenen. Vater und Mutter mußte man die Hand küssen, und das tat ich bis zu meinem sechzehnten Lebensjahr. Sie lehrte uns, wie man bei Tisch das Besteck korrekt benutzt, wie man sich vor dem Trinken den Mund abtupft, daß ein junges Mädchen niemals von sich aus jemanden ansprechen darf: Es antwortet, wenn es gefragt wird, aber in Gegenwart von Erwachsenen darf es so lange nicht das Wort ergreifen, bis es verheiratet ist.

Miss Healey, die Formalistin. Aber keine scheinheilige, sondern eine echte: Sie lief auch im Haus mit Handschuhen und Hut auf dem Kopf umher. Als Prinz Umberto von Savoyen in Palermo weilte, wurde mir gestattet, an dem abendlichen Bankett zu seinen Ehren teilzunehmen, aber nicht, ohne mich zuvor einer Prüfung zu unterziehen, die ich dank Miss Healeys Unterweisungen auch bestand. Sie war schon älter, als sie zu uns kam, und in dem Moment, in dem sie unsere Familie verließ, beschloß sie, in Palermo zu bleiben, wo sie Jahre später in einer kleinen, ordentlichen Wohnung ganz verlassen starb. Mein Vater gab ihr, was sie zum Leben brauchte, denn er wußte, daß sie nichts besaß: Damals existierten noch keine Pensionen, keine Versicherungen, keine Abfindungen. Sie war arm, aber überaus stolz auf ihren Neffen, der es bis zum Direktor des Londoner Hafens gebracht hatte.

Miss Toovey war jünger und moderner eingestellt. Sie studierte Archäologie und war aus diesem Grund nach Palermo gekommen, aber als sie dann ohne einen Pfennig Geld dastand, entschied sie sich, als Gouvernante zu arbeiten. Einmal ließ sie mich allein aus dem Haus gehen, was zu jener Zeit ganz unerhört war. Ich weiß noch, daß sie sich mit Vater beraten hatte und ich ihnen mein Wort geben mußte (Lügen standen und stehen in England unter Strafe), mich unter keinen Umständen irgendwo aufzuhalten. Ich sollte die Via Libertà entlanggehen, ohne einen Fuß in die Konditorei zu setzen, ohne mich von irgend jemandem ansprechen zu lassen, und dann nach Hause zurückkommen – das Ganze schweigend und in aufrechter Haltung. Ich war gerade zehn Minuten unterwegs, da kam auch schon der alarmierende Anruf von Tante Felicita: ›Was ist los, bist du wahnsinnig geworden? Du läßt deine Tochter allein auf der Straße herumlaufen?‹ Und Vater entgegnete: ›Wieso, ich habe es ihr doch selbst erlaubt.‹ Tante Felicita mußte ihrerseits die gesamte Verwandtschaft beruhigen, die mein Rundgang ziemlich in Aufruhr versetzt hatte.

Miss Toovey war eine sehr gebildete Frau, die sich in moderner wie in klassischer Literatur bestens auskannte. Sie war eine begeisterte Shakespeare-Leserin und hat mich gezwungen, einiges auswendig zu lernen, wofür ich ihr dankbar bin, denn es begleitet mich noch heute. Das Lyzeum habe ich mit ihrer Hilfe abgeschlossen. Nur, daß ich statt der Reifeprüfung die Aufnahmeprüfung für die Akademie der Schönen Künste gemacht habe … Sie sorgte dafür, daß ich mich mit Chaucer, Thackeray und Dickens beschäftigte. Außerdem liebte sie die Geographie sehr, kannte alle möglichen Flüsse und Berge, überall auf der Welt. Sie hatte eine richtige

Löwenmähne, à la garçonne, etwas zur damaligen Zeit äußerst Gewagtes, war intelligent und unabhängig. Wir gingen zu dritt aus, sie, Orietta und ich, und sie erklärte uns die Schönheit einer Landschaft oder eines architektonischen Stils.

Eines Sonntags, als niemand da war, der auf mich hätte aufpassen können, und sie im Begriff war, in die anglikanische Kirche zu gehen, fragte sie mich, ob ich sie begleiten wolle. Ich war unschlüssig und wußte nicht recht, was ich tun sollte. Mir war bewußt, daß Tante Felicita dies mißbilligt hätte. Also nahm Miss Toovey mich bei der Hand und ging mit mir zu ›your father the duke‹, wie sie ihn nannte. Sie fragte ihn, ob sie mich in die anglikanische Kirche mitnehmen könne, was in einer erzkatholischen Stadt sehr provozierend geklungen haben muß. Mein Vater schaute mich zärtlich an und sagte: ›Geh nur, aber laß dich nicht von einem Glaubensbekenntnis mehr beeinflussen als von einem anderen. Es gibt so viele Religionen, und du hast noch nicht die Reife, dich entscheiden zu können. Sei auch nicht so arrogant zu glauben, du seist über Religionen erhaben. Der Glaube ist etwas Wichtiges, etwas Schönes. Aber man muß ihn mit Überzeugung leben. Geh nur und vertrau Miss Toovey, sie ist ein objektiver Mensch.‹

Tante Felicita, Vaters älteste Schwester, die über ihre acht jüngeren Geschwister wachte – die Mutter war bei der Geburt des neunten Kindes gestorben –, empörte sich zunächst über die aufgeschlossene Haltung ihres Bruders, aber schließlich fand sie sich damit ab, denn sie hatte ein sanftes Gemüt. Sie hing sehr an ihrer Nichte Maria, der hübschesten der Alliata-Schwestern, die einen Di Napoli geheiratet hatte, mit dem sie sechs Kinder bekam, von denen vier an Schwindsucht gestorben sind.«

Der Grundstein für die Lebensgewohnheiten meiner Mutter wurde also von einigen strengen und unerbittlichen englischen Fräulein gelegt. Gewohnheiten, die trotz aller Einwände, aller Umsturzversuche, aller Abwehrmechanismen in gewisser Weise immer wieder zutage treten.

Es wäre interessant, die Geschichte Siziliens einmal im Zusammenhang mit den jungen Erzieherinnen zu untersuchen, seien sie nun englischer oder deutscher Herkunft. Es gab viele Familien, die energische Hauslehrerinnen aus dem Norden beschäftigten, und Generationen von sizilianischen jungen Mädchen sind aufgewachsen, indem sie sich die Mythen und die Regeln eines abenteuerlichen, resoluten Englands zu eigen machten.

Man stelle sich einmal eine mittellose Schottin viktorianischer Prägung vor, die zu Beginn des 20. Jahrhunderts in die barocke Villa einer aristokratischen Familie in Palermo hereinplatzt. Mit Großvater Enrico, dem Philosophen, der sich für Fragen des Weinbaus begeisterte und ein liebenswürdiger Rationalist war. Und mit Großmutter Sonia, die Irrationalität und Leidenschaft in Person, als junge Frau gewiß ganz reizend, aber in reiferem Alter schlichtweg unerträglich. Wie waren das strenge England und das lockere Sizilien, so wie sie der volkstümlichen Vorstellung entsprachen, unter einen Hut zu bringen? Wahrscheinlich nur auf die einzig mögliche Art und Weise, das heißt, indem man ohne Nachsicht, ohne sich zu viele Fragen zu stellen, die Normen und die Disziplin des eigenen Landes anwendet und versucht, sich nicht mit den Eigentümlichkeiten einer rätselhaften, komplizierten, dramatischen und in sich widersprüchlichen Insel auseinanderzusetzen.

Anscheinend zeigte Großmutter Sonia kein sonderliches Interesse an dem, was in den Köpfen der englischen Hauslehrerinnen ihrer kleinen Töchter vorging. Es war vielmehr Großvater Enrico mit seiner Gelassenheit und philosophischen Neugier, der die armen, unfreiwillig Verbannten beobachtete und von Mitleid und Rührung ergriffen wurde. Großmutter Sonia, die mühelos Englisch, Französisch und Deutsch zu parlieren verstand, Noten lesen konnte und sich auf dem Gebiet der Oper bestens auskannte, hatte keine Ahnung von den Schriften der Aufklärung, die ihren Mann ein Leben lang begleiteten.

Voltaire, Montesquieu und Rousseau waren ihr gänzlich unbekannt. Intellektuell war sie nie einen Schritt über den heimatlichen Garten hinausgekommen. Ganz zu schweigen von den Wäldern und Wüsten eines fernen und unbekannten Kontinents. Ihre ganze Energie und Begabung, die auf einer Bühne sicher großartig zur Geltung gekommen wären, steckte sie in kleine amouröse Abenteuer. So als ob jede Eroberung sie für die großartige Karriere als Opernsängerin entschädigte, auf die sie einst verzichtet hatte. Sie war geizig und prunksüchtig zugleich und hatte seit der Geburt ihrer Töchter eine Rivalität zu ihnen entwickelt, die sie unsicher und autoritär machte. Kurzum, ein unglücklicher Mensch, der dazu neigte, es anderen »heimzuzahlen«, egal, ob es sich um die eigenen Töchter, den Ehemann oder Freunde handelte. Obwohl sie in gewissen Momenten durchaus imstande war, ein sanftes, großzügiges und liebevolles Wesen an den Tag zu legen, war sie es bald wieder leid, »die Brave zu spielen«, und ließ sich von ihren Gefühlswallungen, die mit Musik und Eros zu tun hatten, gefangennehmen.

Meine Mutter hat jedenfalls sehr unter all diesen Entbehrungen gelitten und sie, so wie alle Töchter, die sich nach Aufmerksamkeit sehnen, als persönliche Kränkung empfunden. Im Grunde ihres Herzens hat sie der schönen Sonia den Mangel an Zuwendung niemals verziehen. Und vielleicht wollte sie gerade diesen Mangel kompensieren, wenn sie sich derartig, fast maßlos, verausgabte, indem sie sich mit dem Übereifer einer Konvertitin meinem kleinen Leben zuwandte.

»Momo Taro San.« Momo Taro war das Kind, das aus einem Pfirsich hervorgegangen war. Ein altes Ehepaar, betrübt ob seiner Kinderlosigkeit, flehte die Götter um Gnade an. Am darauffolgenden Tag, als der Bauer gerade sein Feld bestellte, sah er einen Pfirsich von einem mit Früchten beladenen Baum fallen. Er hob ihn auf, öffnete ihn, und darin befand sich Momo Taro, ein pummeliges, kräftiges Baby … meine kleine Schwester mit den melancholischen Augen. Geboren wurde sie im Juli, als Tochter der

Sonne, aber einer Sonne, die vielleicht zu intensiv war für den Blick eines so zarten und großherzigen Wesens. Die Hülle der vom Baum gefallenen Frucht stand ihr jedoch gut. Ihre Mädchenhaut war rosig und glatt wie ein japanischer Pfirsich.

Vier Jahre lang lebten sie und ich in trauter Eintracht. Dann waren wir auf einmal zu dritt, mit Toni, die während des Krieges und, genau wie ich, im Sternzeichen des Skorpions geboren wurde. Ich höre deutlich ihre Stimme in meinem Ohr, als sie bei Yukis Tod zu mir sagte: »Jetzt sind nur noch wir beide übrig.« Die vormalige Dreieinigkeit war ein fruchtbarer kleiner Acker, zunächst für uns Kinder, dann für uns Jugendliche und schließlich für uns erwachsene Frauen mit eigenen Kindern. Eine zugleich zerbrechliche und starke Trinität, die uns zu großen Plänen für eine gemeinsame Zukunft inspirierte. Kindliche Vorsätze wie der, uns ein Haustheater auf dem Meeresgrund zu bauen. Dort wollten wir an runden Tischchen mit Tischtüchern aus blauem Leinen speisen und unseren Lieblingsbeschäftigungen nachgehen. Wenn wir die Augen zu den riesigen Fenstern erheben würden, würden wir Dorsche, Tintenfische, Kugelfische und Katzenfische inmitten der wogenden Algen vorbeiziehen sehen. Aber diese Fische waren keineswegs zum Verzehr gedacht, wir wollten nur ihre Vielfalt und ihr ruhiges und entschlossenes Vorübergleiten bewundern. Ich sollte mich ums Essen kümmern, denn schon damals zeigte sich, daß ich ein Händchen für die gute Küche hatte, Yuki sollte das Publikum mit ihrer Gitarre und ihrer Stimme unterhalten, und Toni sollte tanzen.

Ob wohl je zuvor drei Schwestern einen Kindertraum mit einer solchen Hartnäckigkeit verfolgt haben, um am Ende doch andere Wege einzuschlagen? Nur Yuki hat ihr Versprechen gehalten: Sie widmete sich der Musik und dem Gesang, sammelte Volkslieder aus aller Welt und spezialisierte sich auf die Musik verschiedener ethnischer Gruppen: Sie lernte, sich auf der Gitarre zu begleiten. Als ihre Tochter Yoi alt genug war, fingen sie an, gemeinsam Flöte und Gitarre zu spielen. Oder sie sangen. Es war eine Freude, ihnen zuzuhören: Sie waren bravourös im Gegengesang, wechselten sich an der Flöte ab, ergingen sich in gewagten Duetten und schlugen mit den Füßen den Takt dazu.

In einer anderen Periode träumten wir von abenteuerlichen Flügen in einem Heißluftballon. Darin wollten wir singen, essen und schlafen, je nach Wind steigen oder sinken, uns auf Berggipfeln niederlassen oder uns so weit hinunterwagen, bis wir die Haut des Meeres berührten. Nur eine kleine Ziege und ein paar Frösche sollten uns begleiten. Sonst niemand. Erwachsenen und selbst Mäusen war der Zutritt zum fliegenden Haus der drei Schwestern nicht gestattet.

Alle diese Träume sind in dem Augenblick zerbrochen, als sich die Älteste, also ich, in einen ausgelassenen dunkelhaarigen Jungen verliebte, der auf ganz charmante Art die dümmsten Witze erzählen konnte. Ab da habe ich mich von meinen Schwestern abgewandt und einsamere Wege gesucht. In der Zwischenzeit war jedoch eine Katastrophe über uns hereingebrochen: Papa und Mama hatten beschlossen, sich zu trennen … Und ungeachtet all meiner Theorien über den Nutzen von Scheidungen glaube ich doch, daß es ein herber Schlag für unser Zusammengehörigkeitsgefühl war, auch unter uns Schwestern. Ein Erdbeben, das uns aus der Bahn warf, uns der Geborgenheit eines gemeinsamen Hauses, einer gemeinsamen Stadt, ein und desselben Landes beraubte. Toni ging zum Studium nach Amerika und lebte später in Marokko, wo sie heiratete und zwei Töchter bekam. Ich bin mit meinem Vater nach Rom umgezogen, während Yuki bei meiner Mutter in Palermo blieb. Sobald sich ihr die Gelegenheit bot, vermählte auch sie sich, und zwar mit einem sympathischen blonden Grafiker; sie brachte ein hübsches, schwieriges Mädchen zur Welt, das sie Yoi nannte, wie unsere Großmutter väterlicherseits.

Sollten Schwestern, die dasselbe Blut und familiäre Gewohnheiten verbindet, nicht für immer zusammenbleiben? Ich erinnere mich an eine Fotoreportage über zwei berühmte Varietétänzerinnen, die Kessler-Zwillinge, die so elegant und maßvoll wirkten, auch wenn sie nur leicht bekleidet auf der Bühne standen und in perfekter Übereinstimmung zum Klang von hum ta ta, hum ta ta tanzten … Die beiden Schwestern waren älter geworden, hatten geheiratet und sich dann wieder getrennt, aber sie lebten die ganze Zeit zusammen, vielleicht in zwei angrenzenden Wohnungen, auf derselben Etage, fürs Leben verbunden. Ich habe mich stets gefragt, ob nur Zwillinge diese schicksalshafte Fusion eingehen oder ob diese sich auch bei Geschwistern ergeben kann, die nicht an ein und demselben Tag geboren sind.

Das Bild der Kessler-Zwillinge, die sich zum Verwechseln ähnlich sehen, wird von der Erscheinung zweier anderer Gestalten überlagert, die ebenfalls ein Zwillingsdasein verband: Matteo und Giovanni, beide hochgewachsen, sehr gebildet, mit einer Vorliebe für Musik und Mathematik. Matteo war ein Freund von mir zu der Zeit, als ich allein in der Via Antonazzo Romano in der Nähe der Ponte Milvio wohnte. Er besuchte mich immer nachmittags. Dann setzte er sich in den Korbsessel und erklärte mir die Gesetze der Wirtschaft. Er war ernst, sehr ernst sogar und ausgesprochen schüchtern. Dank seiner Erklärungen habe ich den Unterschied zwischen direkten Steuern (gerecht und notwendig) und indirekten Steuern (ungerecht und schikanös) begriffen. »... welchen Rang die Demokratie in einem Land einnimmt, kannst du an der Anzahl seiner direkten Steuern ablesen ... Natürlich ist es viel einfacher, indirekte Steuern zu erheben, denn damit wird wahllos bei allen abkassiert und nicht nur bei denen, die Geld haben. So handeln schwache Regierungen, deren Schicksal es ist, in den Händen der Mächtigsten zu landen, die ihre Interessen auf Kosten der Schwächsten durchdrücken wollen.«

Ich glaube, daß er mir aus Schüchternheit nie eine Liebeserklärung gemacht hat. Aber seine Augen sprachen Bände. Im übrigen war auch ich schüchtern und hätte niemals als erste angefangen, über Liebe zu reden. Ich wußte, daß er einen Zwillingsbruder hat; den habe ich aber nie gesehen.

Irgendwann hörte ich, daß dieser Zwillingsbruder schwer erkrankt sei. Auf einmal kam Matteo immer seltener. Er war nervös, sprang dauernd auf und schien wie auf glühenden Kohlen zu sitzen, aber von seinen Sorgen hat er mir nie etwas erzählt. Einige Zeit später reiste ich nach Brasilien, und als ich zurückkam, sagte mir jemand, er sei tot. Ich konnte es einfach nicht fassen. In Gedanken sah ich ihn immer noch am Fenster stehen oder im Sessel sitzen: die geöffneten Hände auf den Knien, mit der Brille, die ihm auf die Nase gerutscht war, den stets geröteten Wangen. Erst später habe ich erfahren, daß sein Zwillingsbruder Giovanni, nach langem Leiden und als er keinen Schritt mehr tun konnte, Matteo gebeten hatte, ihm Sterbehilfe zu leisten. Matteo hatte eingewilligt, aber unmittelbar danach nahm auch er sich das Leben. Zusammen waren sie nicht einmal fünfzig Jahre alt.

3. Mai – Yuki-chan bekommt ihren ersten Zahn.

6. Mai 1940 Yuki-chan wird geimpft – am 12. Fieber – am 13. etwas gesunken – am 14. blaß und erschöpft

10. Juli 1940

Yuki-chan wird 1 Jahr alt. [...] Zum ersten Mal ziehen wir sie wie ein Mädchen an – ein Kleid mit einem Schürzchen – aber das gefällt ihr gar nicht, denn damit geht das Froschhüpfen (ihre Spezialität) durchs ganze Haus (»guruguru«) nicht mehr so leicht.

Yuki hat versucht zu singen! Zu komisch. Niemals habe ich gehört, daß ein 10 Monate altes Kind etwas anderes ausprobiert als zu sprechen. Außer »tata, dada, baba, ciacia« sagt sie jetzt noch »ittai« und »ba« und »Uchi-chan«.

14/5. D. hat ihr Geld genommen (wir hatten es ihr für ihr Handtäschchen gegeben) und ist allein auf den Markt gegangen, um eine Tüte Bonbons (15 St.!) zu kaufen. Zu gern hätte ich sie dabei beobachtet. Zum ersten Mal benutzt sie das Geld ganz bewußt, um sich etwas zu kaufen.

Das war die Art von Erziehung, bei der vielen Müttern und vielen Großmüttern angst und bange wurde: Wie bitte, du läßt deine kleine Tochter allein auf den Markt gehen? Was, du gibst ihr Geld in die Hand? Unglaublich, du schickst sie ganz allein auf die Straße?

Jawohl, meine blutjungen, mutigen Eltern waren Montessori-Anhänger, sie waren für eine Erziehung zur Eigenverantwortung. Eine Sache, die sowohl die Palermitaner, mit denen ich nach meinem Aufenthalt in Japan konfrontiert war, als auch die Lehrer im Internat in Florenz, wo ich drei Jahre zubrachte, nicht sonderlich schätzten. Die sizilianische Ausbildung war geradezu ein Ansporn zu Lüge und Heuchelei. Alles war erlaubt, wenn es nur hinter den Mauern eines absoluten, undurchdringlichen Geheimnisses verborgen blieb. Der Verlust der Jungfräulichkeit, Ehebruch, Schwarzmarktgeschäfte, Gesetzesverstöße, für alles gab es Mittel und Wege, Hauptsache, die äußere »Fassade« bekam keinen Riß. Ich habe noch die verschwörerische Miene einer Freundin aus Bagheria vor Augen, als sie mir vom Geheimnis ihrer Familie zur Zeit des Krieges erzählte: »Wir hatten nichts zu essen, aber meine Mutter wollte nicht, daß die Nachbarn das erfahren, also hat sie jeden Morgen ein kleines Stück

Speck angebraten, so daß der Geruch sich nach allen Seiten hin ausbreitete, und jeder dachte, daß es bei uns zu Hause niemals an Nahrungsmitteln mangelte.« Da ich zur Ehrlichkeit erzogen worden war, kam mir das wie eine absurde Betrügerei vor. Aber ich ahnte nicht, daß solche Betrügereien mich derartig quälen würden.

Das geheimnisvolle Lächeln der Sphinx verhieß ein Paradies, das alle kannten, aber von dem niemand wußte, wo es sich befand. Die Konsequenz war die Kluft zwischen dem, was man sagte, und dem, was man tat. Eine Kluft, die nicht als gefährlich oder unmoralisch angesehen wurde, sondern nur als Teil der alltäglichen Bürde: Sie war die banale, voraussehbare, absolut unveränderliche Beschaffenheit der Realität. Einer Realität, die heute einen Staatsminister veranlaßt zu sagen: »Die Mafia hat es immer gegeben, und wir müssen uns daran gewöhnen, mit ihr zusammenzuleben.«

Die Erziehung im Internat in Florenz gründete sich auf Opfer und Entsagung. Obwohl es sich um eine konfessionslose Erziehungseinrichtung handelte, wurde die Moral benotet, und zwar rigoros: ein rosa Kärtchen für diejenigen, die sich brav an die Regeln gehalten hatten, ein weißes Kärtchen für diejenigen, die weder gut noch böse gewesen waren, und ein graues Kärtchen für diejenigen, die der Versuchung nicht widerstanden hatten. Aber das Schuldbekenntnis rettete einen vor der Verdammnis, und die von oben gewährte Vergebung tröstete die unruhigsten Herzen.

Aber meine wagemutige, liebevolle Mutter spricht von Geld. Sie sagt, es sei *das erste Mal,* daß ihre älteste Tochter ganz bewußt eigenes Geld ausgibt (die Eltern hatten es ihr ins Handtäschchen gesteckt, damit sie es als ihr eigenes ansieht).

Mir fällt eine Autobusfahrt zu Onkel Nicolino nach Vallombrosa ein. Damals war ich vielleicht dreizehn Jahre alt. Ich erinnere mich noch, was für eine außerordentliche Befriedigung, ja, fast ein körperliches Wohlgefühl es war, als ich die Fahrkarte allein kaufte und mit dem Koffer neben mir unter einer grünen Überdachung auf den Bus wartete. Ich sah mich aus einem Film steigen, drauf und dran, meine Lebensfreude hinauszusingen. Verschafft Geld einem Freiheit? »Denk dran, daß bei Frauen das Wort Freiheit oft mit Zügellosigkeit gleichgesetzt wird«, sagt eine Freundin von mir, die an der Universität Geschichte lehrt. Und sie sieht mich dabei mit traurigen Augen an.

Vielleicht wäre ich in Vallombrosa ja in meinen geliebten silberglänzenden Badeanzug mit den orangefarbenen Streifen geschlüpft und hätte im Swimmingpool des Hotels ein paar Kunststücke hingelegt. Genauso wie Esther Williams. Wer weiß, ob ich in der Lage gewesen wäre, so wie sie – unentwegt lächelnd und mit perfekter Körperbeherrschung – aus den blauen Fluten aufzutauchen, zuerst mit den Beinen, dann mit dem Oberkörper und schließlich mit Armen und Kopf. Wie sie es wohl fertiggebracht hat, mit so viel Anmut die Professionalität eines Akrobaten und das Lächeln eines unschuldigen Kindes zu vereinen? In Esthers kastanienbraunes Haar waren immer kleine weiße Rosen eingeflochten. Gingen die Rosen denn nicht kaputt, wenn sie mindestens zwei Minuten lang unter Wasser war? »Aber Kind, das sind doch Plastikrosen, die sind unecht, total unecht, ohne Leben und ohne Duft.« Aber das wollte ich nicht glauben. Esther, da war ich mir sicher, pflückte jeden Morgen einen Strauß frischer Röschen im Garten ihrer am Meer gelegenen Villa, und mit ihren langen, gebräunten Fingern flocht sie sie um ein Band, das sie dann hinter ihrem Kopf verknotete. War das Zügellosigkeit?

Unsere Phantasie nährte sich von amerikanischen Filmen, die ein positives Lebensgefühl propagierten. Die großen Abenteuer von Deborah Kerr, die barfüßigen Tänze von Rita Hayworth, das fröhliche Singen von Doris Day und die schmachtenden Liebesschwüre von Ingrid Bergman. Der Bösewicht, über den man sich heutzutage amüsieren würde, bekam in diesen Filmen immer seine Strafe. Und die Heldinnen widersetzten sich den Helden mit verführerischem Lächeln wie in einem mittelalterlichen Kontertanz: Voran die Mädchen in ihren leichten Kleidern, einen weißen Gürtel um die schmale Taille, sich abzeichnende Brüste unter dünnen, weichen Hemdchen, mit der Brennschere ondulierte Haare, die Lippen herzförmig geschminkt. Und jetzt die Mädchen nach hinten und die Jungs nach vorne: der schlaksige Fred Astaire, der spitzbübische Cary Grant, der sentimentale Gregory Peck. Und dann hopp, immer zwei und zwei zusammen, um durch das Zimmer zu tanzen. Jenes Zimmer drehte sich in schwindelerregender Ausgelassenheit vor meinen Augen.

Geld? Natürlich fehlte es an allen Ecken und Enden. Selbstverständlich wäre es besser gewesen, man hätte etwas mehr gehabt. »Was wärst du bereit, für Geld zu tun?« Diese Frage stellte mir eine Schulkameradin und blickte mich dabei mit ernsten, intelligenten Augen an. »Würdest du für Geld mit einem Fremden ins Bett gehen? Und wieviel würdest du dafür verlangen?« Meine Mitschülerin ließ nicht locker, und ich hatte den Eindruck, daß sie vor allem sich selbst befragte, ohne eine befriedigende Antwort zu finden. Je mehr ich darüber nachdachte, desto klarer wurde mir, daß ich die Berührungen eines Unbekannten nicht an mir ertragen könnte, nicht um alles Geld der Welt. Vielleicht lag darin das ganze Geheimnis, der Unterschied zwischen denen, die »es tun«, und denen, die »es nicht tun«. Nicht in einer moralischen Standhaftigkeit, sondern in dem Anspruch auf die eigene Wahl und in dem Bewußtsein der eigenen, unveräußerlichen Sexualität. Erst Jahre später sollte ich begreifen, daß viele der Dinge, die über das Feilbieten des eigenen Körpers behauptet werden, willkürlich sind: Der landläufigen Meinung zufolge ist die Frau, die Sex gegen Geld bietet, eine Person von ungestümer, unbezähmbarer Lust. Nicht zufällig werden ausgerechnet die jungen Frauen, die das Recht für sich beanspruchen, Sex zu haben, wann immer und mit wem immer sie wollen, als »Nutte« beschimpft. Dabei verhält es sich genau umgekehrt: Die sexuelle Lust setzt eine freie Wahl voraus, die eben nichts damit zu tun hat, sich in irgendeiner Form der Begierde anderer zu unterwerfen. »Das Gezwungene, Vertragsmäßige, das vorbereitete Bett und die mechanischen Gesten, von all dem halte ich nichts, selbst wenn im Gegenzug das Geld in der Tasche klimpert«, sagte ich zu meiner Klassenkameradin, die sehr gut aussah und wahrscheinlich nach Gründen suchte, um der Versuchung zu widerstehen, das einzige zu veräußern, was sie reich machte: ihren Körper.

»Ein verheirateter Mann, verstehst du, er hat sich in mich verliebt, und jetzt will er, daß ich mit ihm ins Hotel gehe… Er hat mir einen Ring geschenkt, aber wie sollte ich meiner Mutter bloß erklären, woher ich den habe? Also habe ich ihn gegen eine Handtasche und zwei Kaschmirmäntel eingetauscht…« Das waren die Bekenntnisse eines jungen Mädchens, das sich über seine sexuellen Neigungen noch nicht im klaren war und sich vom Glanz eines Geheimnisses aus dem Erwachsenenleben anziehen ließ. »Er hat eine Tochter in meinem Alter… Sie ist sehr hübsch, er hat mir ein Foto von ihr gezeigt… Er sagt, er betet mich an… dabei ist er immer so vorsichtig… er hat furchtbare Angst davor, mit mir gesehen zu werden.« Sie war unbändig stolz auf diese heimliche, schmeichelhafte und verheißungsvolle Liebschaft.

Erst später habe ich entdeckt, daß dies bei meinen Mitschülerinnen am Gymnasium eine ziemlich verbreitete Praxis war. Einige bildeten sich offenbar etwas auf ihren frühzeitigen Verdienst ein, eine Einnahmequelle, die sich durch den unbefangenen Einsatz des Körpers auftat, der extra dafür geschaffen schien, wie Film, Fernsehen und Werbung suggerierten.

Eine einfache und entwürdigende Angelegenheit. Ganz der Norm entsprechend. Eine Angelegenheit, zu der dich zwei Männerhände drängen, die dich zuvor zärtlich und leidenschaftlich gestreichelt haben. Ohne Reue, ohne Warum. Es war so einfach, dieses Geld anzunehmen, und gleichzeitig war es so schwierig. »Du mußt nur denken: Das hier bin ich gar nicht, und schon ist alles in bester Ordnung.« – »Aber wenn du auf die Finger blickst, die die Scheine halten, fühlst du dich furchtbar gedemütigt…« Es war ganz offensichtlich, daß der Mann, der das Mädchen fest umschlungen gehalten und ihm zärtliche Worte ins Ohr geflüstert hatte, plötzlich zum Feind wurde. Er verlangte absolutes Stillschweigen von ihr. Sanktionierte einen Vertrag mit ganz bestimmten Regeln: Du gibst mir bereitwillig deinen jugendlichen, jungfräulichen, verbotenen Körper, und ich blättere dir Geldscheine hin, einen nach dem andern, ohne ein Wort darüber zu verlieren. Aber damit ist die Sache dann auch ein für allemal erledigt. Mit einer Summe, die der Jugendlichen, die sich auf dem Sexmarkt noch nicht auskannte, riesig vorkam und die für ihn eine Kleinigkeit war angesichts dessen, was er sich davon hat kaufen können.

Bleiben wir beim Thema Geld: Meine liebste Mutter neigte von jeher dazu, Schulden zu machen. Morgen wird ein Wechsel fällig, wo soll man bloß das Geld dafür auftreiben? Am besten, man nimmt ein Darlehen auf, und dann noch eins, allerdings ein etwas höheres, um das erste zurückzahlen zu können, und wenn auch das fällig wird, dann eben ein drittes, diesmal aber ein richtig hohes. Ein schwindelerregender Kreislauf, bei dem mir angst und bange wurde. Ich sah, wie meine Mutter sich nächtelang den Kopf zerbrach über die Fälligkeiten dieser verflixten Wechsel, die ich mir wie fette, unersättliche Götter vorstellte, die sich auf Kosten verzweifelter Mütter und hungriger Kinder den Bauch vollschlugen.

Ich glaube, das war eine entscheidende Erfahrung. Aus der ich die Lehre gezogen habe, daß Schulden sich wie die Karnickel vermehren. Wenn zwei Kredite zusammen ein Kind machen, kann man fest damit rechnen, daß bereits nach ein paar Monaten die ersten Enkel da sind und dann die Enkel der Enkel und immer so weiter in einem System geometrischer Vermehrung, das dich geradewegs in den Schlund eines Drachen treibt, der nur darauf wartet, dich mit einem Bissen zu verschlingen.

In meinem eigenen Leben habe ich es immer peinlich vermieden, auch nur den kleinsten Kredit aufzunehmen. Wenn ich bezahlen konnte, gut, wenn nicht, Pustekuchen. Lieber habe ich auf den begehrten Gegenstand verzichtet, als Schulden zu machen.

Noch heute können mich nur tausend Lire, die ich jemandem schulde, in Aufregung versetzen. Das hat dazu geführt, daß ich mir frühzeitig Arbeit suchte. Und mich als Schreibkraft, Archivarin oder Laufmädchen verdingte, das durch die ganze Stadt hetzte, um Pakete auszutragen und von einem Autobus in den anderen und von einer Straßenbahn in die nächste sprang.

Ich habe, genauer gesagt, wir haben jahrelang in Armut gelebt. Vor allem unmittelbar nach dem

Krieg, in Sizilien. Es waren schwierige Jahre für alle: Es gab kein Geld für Kleidung, für Butter, für Fleisch, für Medikamente. Ich erinnere mich, daß ich lange Zeit einen Mantel trug, der aus einem Kammgarnumhang meines Großvaters geschneidert war und mehrmals gewendet wurde. Und meine Schuhe bekamen immer wieder neue Sohlen und hatten überall Flicken.

Ich war zehn Jahre alt und träumte von einer Uhr. Jeden Tag schrieb ich meiner Mutter aus dem Internat in Florenz, sie möge mir doch eine Armbanduhr schicken. Alle meine Schulkameradinnen besaßen eine, nur ich nicht. Unsere Familie hatte kein Geld für eine Armbanduhr, denn so etwas war damals sehr teuer und galt als Luxus, den sich nicht jeder leisten konnte. Da ich aber nicht locker ließ, schickte meine Mutter mir zu Weihnachten ein zusammengebasteltes Gebilde: einen kleinen, quadratischen alten Wecker, der mittels zweier neuer Riemchen, die meinen Kinderarm umschließen sollten, in eine Armbanduhr verwandelt worden war. Die Uhr war jedoch viel zu schwer und rutschte mir ständig auf die Hand, was sie eindeutig als Wecker entlarvte. Natürlich habe ich sie nie getragen, denn ich schämte mich und bewahrte sie unter meinem Kopfkissen auf. Aber ich mochte ihr nächtliches Tikken und die Genauigkeit, mit der sie mir die Uhrzeit anzeigte und dabei die Zahlen auf dem Zifferblatt festlich beleuchtete.

Diese groteske Uhr bringt mich auf eine köstliche Erzählung aus Montales *Schmetterling von Dinard.*

Darin geht es um einen ganz gewöhnlichen, aber eigenwilligen Reisewecker, den Montale und seine Frau »Engelchen« getauft hatten und der immer nur klingelte, wann er wollte. Die beiden redeten über ihn wie über einen etwas unberechenbaren Sohn: »Das Kind ist im Koffer. Ich habe es schlafen gelegt«, sagt die Mosca in der von mir vor einigen Jahren für den Rundfunk bearbeiteten Fassung. Worauf Montale entgegnet: »Es ist unmoralisch, ihn das Kind zu nennen… Engelchen ist doch nur eine Uhr.« Darauf sie: »Du hast doch gesagt, er sei wie unser Kind. Er ist auf all unseren Reisen dabei. Ich verbiete dir, ihn zu beleidigen.« Aber ausgerechnet in diesem Augenblick fängt Engelchen beharrlich an zu klingeln. »Ist er das?« – »Das ist er. Was fällt ihm ein, um diese Zeit zu klingeln?« – »Wenn du gestattest, werde ich ihn von heute abend an aufziehen.« – »Wenn Engelchen jetzt anfängt, Zicken zu machen, sind wir geliefert.« – »Er macht keine Zicken, du hast ihn bloß falsch gestellt.« – »Ich habe ihn völlig korrekt gestellt.« – »Du willst mir doch wohl nicht weismachen, daß er die Zeiger eigenhändig verstellt hat?« – »So was kommt gelegentlich vor. Ein Zeiger kann verrutschen so wie ein Hosenträger. Armes Engelchen…« Und Montale endet mit den Worten: »Das reicht, wir wollen mit diesen Kindereien aufhören. Wir wollen keine Bastardkinder mehr, keine Geschmacklosigkeiten, keine spätromantischen Gefühle. Wir müssen an konkrete Dinge denken. Wollen wir das versuchen? Wollen wir auf der Stelle damit beginnen?…«

Auch ich war hin- und hergerissen zwischen den Gegenständen, die einen ansprechen und die man ein wenig wie Kinder behandelt, und den »kon kreten Dingen«, die meinem Geist mit der präzisen Konsistenz der alltäglichen Logik auferlegt wurden.

D. die Haare geschnitten, schreibt meine Mutter, *sie sieht jetzt viel älter aus – es unterstreicht die Form ihres Nackens und ihres Gesichts.* Und darunter ein Foto, auf dem ich mit einer Freundin in Otaru im Hause Toshiko auf japanische Art auf einem Tatami knie: *D. mit Kimono (etwas zu groß!),* erklärt meine Mutter, *aus rotem Atlas mit leuchtend gelbem Obi – wunderschön. Letztes Foto mit langen Haaren.*

Ob es Zufall ist, daß die langen Haare hier mit einer Haltung stummer weiblicher Unterwerfung einhergehen?

Ich sollte in meinem ganzen Leben nie wieder langes Haar haben, außer im Internat in Florenz. Als hätte meine Mutter mich mit diesem Haarschnitt auf die Möglichkeit hingewiesen, Bewegungsfreiheit, nüchterne Sachlichkeit, Selbstbestimmung zu wählen. Ein subtiler, noch unklarer Wille zur Emanzipation? Ich weiß es nicht. Damals habe nicht ich entschieden. Aber durch den Verlust meiner langen Haare verlor ich auch eine gewisse kindliche Neigung, nach Schutz zu suchen, und wurde mit liebevoller Hand aus dem archaischen Bereich der Verführung gestoßen. Nicht ohne Grund ist die ganze Geschichte des religiösen Fanatismus eng verbunden mit den Vorschriften für weibliche Haartrachten. Der moslemische Fundamentalismus hat die Frage dahin gehend gelöst, daß er die Frauen zwingt, Kopf und Haare völlig zu bedecken. Aber auch die katholische Kirche stellt durch die Worte des heiligen Paulus restriktive Regeln auf: »Der Mann nämlich soll sein Haupt nicht verhüllen, weil er Gottes Bild und Abglanz ist; die Frau aber ist des Mannes Abglanz. Denn der Mann ist nicht aus der Frau, sondern die Frau ist aus dem Mann. Darum soll die Frau ein Zeichen der Hoheit auf dem Haupte tragen, der Engel wegen.« Wer weiß, warum die Engel »der Grund« für die Bedeckung des Kopfes gewesen sein sollen … Welche Verführungsmacht steckte in diesen Büscheln von »toten Zellen«, wie ein mir bekannter Dermatologe zu sagen pflegt? Welche Ängste lösten sie in den brennenden Herzen unserer Vorfahren aus?

Für Samson war das Scheren der Haare der Anfang vom Ende. Zusammen mit den »toten Zellen« verlor er auch jegliche Energie und körperliche Kraft. Aber konnte es für ein kleines blondes Mädchen, das in einem fremden Land lebte und im Begriff war, in einem großen Weltkrieg zu versinken, nicht einen Ansporn bedeuten, sich seiner Freiheitsliebe zu vergewissern? Ob das der Hintergedanke meiner Mutter war? In den Haaren liegt eine merkwürdige, schicksalhafte Symbolik: Bei einem Mann galt das Haareschneiden als Zeichen dafür, daß er sich dem Feind auslieferte, für eine Frau bedeutete es, daß sie die Flagge der Selbständigkeit hißte.

Meine Mutter verstand etwas von Freiheit. Ihre eigene hatte sie sich bewahrt – daran hatten auch die Anordnungen der Nonnen in einem Internat in Palermo nichts ändern können: Sie hatten von ihr verlangt, in einem bis auf die Füße reichenden Hemd in einer randvollen Wanne zu baden … Die Seife sollte über die Haut gleiten, als würde sie von einer Hand ohne Arm geführt, rein mechanisch, verborgen vor allen wohlgefälligen Blicken, seien es die eigenen oder die anderer. Der weibliche Körper galt als sündig, auch wenn er blutjung und unschuldig war. Vielleicht war er vor allem auch deshalb so gefährlich, weil er im Manne »böse Gedanken« hervorrief und ihn zum räuberischen Besitzergreifen verleiten konnte.

Aber die Perfektion der katholischen Erziehung bestand darin, die Frau zu einer Komplizin ihres verkrüppelten Lebens zu machen. Freudig und still fügte sie sich letztlich in ihr vorbestimmtes Los: Ohne Widerstand und sogar mit einigem Enthusiasmus (gemäßigt, versteht sich) gab sie die Einwilligung zu ihrer geistigen und körperlichen Kastration.

Welcher Zwang ist wirksamer als derjenige, der sich mit der Zustimmung und Billigung der Betroffenen durchsetzen läßt? Nicht nur, daß die Frau ihre Versklavung akzeptiert, sie beteiligt sich auch noch an der Verbreitung und an der Bewahrung der Ideologie, welche diese Versklavung würdigt und idealisiert, indem sie sie als selbstverständlichen Teil des weiblichen Schicksals begreift. Dies wurde den Frauen angetan: Und das ist das größte Vergehen. Das eigene Sklavendasein stillschweigend duldend, werden sie zu ehrfürchtigen Hüterinnen einer Ordnung, die sie später an ihre Töchter und Enkelinnen weitergeben.

Wenn ich an die Begegnungen mit den Elmolo-Mädchen in Afrika zurückdenke, die sich kastrieren lassen mußten (Beschneidung der äußeren und inneren Schamlippen sowie der Klitoris), erinnere ich mich unweigerlich an die stummen und heimlichen Widerstände. Die Mädchen berichteten, daß sie versuchten, die Hochzeit so lange wie möglich hinauszuschieben, eben um sich dieser schrecklichen Operation nicht unterziehen zu müssen. Aber Mütter, Tanten, Großmütter drängten sie. Und wie sehr sie sich auch sträubten, letzten Endes mußten sie nachgeben. Wenn sie siebzehn, achtzehn Jahre alt waren, wählte die Familie einen Ehemann für sie aus. Danach brachte man sie in eine etwas außerhalb des Dorfes liegende Hütte. Dort band eine alte Frau, die von zwei Verwandten unterstützt wurde, die Beine der Braut mit einem Strick an einem Baumstamm fest, und dann schnitt sie ihr, die bei vollem Bewußtsein war, mit einem über einer Flamme desinfizierten Messer den ganzen empfindlichen Teil der Genitalien heraus.

Wenn von der Vulva nichts mehr übrig war als eine unförmige Wunde, wurde der Schnitt mit einem dünnen Bindfaden zugenäht, und die Braut konnte sich zwei Wochen lang ausruhen. Nach dieser Zeit, die dazu diente, die qualvollsten Schmerzen zu lindern, begannen die Hochzeitsfeierlichkeiten mit Masken, Gesängen und Tänzen, an denen das ganze Dorf teilnahm. Schließlich, im Anschluß an ein dreitägiges Trink- und Eßgelage (zu diesem Anlaß wurden ein paar Ziegen und, wenn das Mädchen aus einer reichen Familie stammte, auch einige Kühe geopfert), ließ man das Brautpaar allein in seiner Hütte, und der Mann mußte gewaltsam in die noch schmerzende Wunde seiner jungen Frau eindringen. Beiß die Zähne zusammen und ertrag es, meine Liebe, das schaffst du schon, denn wenn du weinst, heißt das, du bist keine Frau, sondern ein unvernünftiges kleines Kind! Das ganze Dorf hätte über sie gelacht und ihr Vorhaltungen gemacht, wenn sie gejammert hätte. Also schweigen und sich im Dunkel der Nacht der Vergewaltigung durch den eigenen Ehemann hingeben.

Wenn sie dann schwanger wurde, freute sich die ganze Dorfgemeinschaft ob des großen Reichtums, der sie erwartete. Und zur Entbindung erschien die alte Chirurgin, um der jungen Ehefrau die Fäden zu ziehen, damit sie ihr Kind auf die Welt bringen konnte. Danach vernähte dieselbe alte Medizinerin den Schnitt wieder ganz akkurat, um sicherzustellen, daß auch ja jeder Geschlechtsverkehr für immer eine einzige Qual blieb.

Die Anwendung dieses schrecklichen Brauchs wird von den alten Frauen der Gemeinschaft überwacht und durchgeführt. In den Augen der Dorfbewohner sind sie die Vollstreckerinnen eines von den Göttern gewollten und somit unumstößlichen Gesetzes. Amen. Nebenbei hat sich die Dorfgemeinschaft, auch symbolisch, die absolute Kontrolle über die weibliche Sexualität gesichert.

An diesem Punkt erhebt sich ganz spontan die Frage: Könnte das alles passieren, wenn die Frauen nicht die Gebärenden wären? Würde sich irgend jemand für ihre Jungfräulichkeit oder ihre Sexualität interessieren, wenn die Frauen nicht die Kinder bekämen? Denn der weibliche Körper verfügt nun mal über die große Gabe, einen Nachkommen in sich zu nähren, heranwachsen zu lassen und auf die Welt zu bringen. Die Zukunft einer jeden Gesellschaft, sei sie modern oder alt, führt über den Schoß der Frau. In bestimmten Ländern sind die Beschneidungen körperlich und beruhen auf uralten Traditionen, in anderen sind sie nur symbolisch.

Unglücklicherweise oder glücklicherweise, ich vermag es nicht zu sagen, ist die weibliche Fähigkeit zur Fortpflanzung nicht an sexuelle Lust gebunden. Eine Frau kann zwanzigmal schwanger werden, ohne die geringste Lust empfunden zu haben. Das männliche Glied hingegen braucht Begehren, Erregung, erotische Ekstase, damit es zum Samenerguß kommt. Aus diesem Grund wurde die männliche Lust stets derart zelebriert, geschützt und geradezu gehätschelt. Um Schwierigkeiten und Ansprüche zu vermeiden und sich der Vaterschaft stets gewiß sein zu können, tut man so, als existierte die weibliche Lust nicht, und wenn sie existiert, dann gehört sie in den Bereich des Anormalen, der Verirrungen: eine Perversion für bestimmte Kulturen, eine schmutzige Angelegenheit für andere, eine gefährliche Herausforderung des Himmels für kriegerische Gesellschaften, die an eine strenge Aufgabenverteilung zwischen den beiden Geschlechtern gewöhnt sind.

»Weißt du, genau das ist es, was die Situation der Frauen im Laufe der Geschichte erschwert hat«, sagt meine Freundin, die Historikerin. Ein vorzeitig gealtertes junges Mädchen, das kein Blatt vor den Mund nimmt und das man verächtlich als »die Feministin« bezeichnet. »Wegen ihrer Fortpflanzungsfähigkeit kommt ihnen eine wichtige Rolle zu, die aber gleichzeitig verlangt, daß man sie unter Kontrolle hat; man verteufelt sie in dem Moment, in dem sie ihre sexuelle Selbstbestimmung kundtun, macht sie zu Verbündeten der eigenen Unterwerfung durch eine Art Indoktrination, die in ihren Herzen die Vorstellung nährt, einer minderwertigen Rasse anzugehören, die schwächer, unzuverlässiger, gefährlicher, unruhiger, sentimentaler ist und deshalb Führung, Schutz und genaue Anweisungen benötigt. So ist das mit den Frauen, meine liebe Dacia, sie rackern sich ab, verleugnen sich, werfen sich weg, haben Angst und Schuldgefühle ... hast du denn gar kein Mitleid mit ihnen? Mir gelingt es einfach nicht, sie dafür zu hassen, weißt du, niemals, nicht einmal dann, wenn sie verkommen und Fallen aufstellen für die Naiven. Die »gold digger« zum Beispiel, wie die Amerikaner sie nennen, die Mädchen, die ihr Glück suchen, die unkultivierten Femmes fatales. Nicht einmal die kann ich verurteilen. Es ist das geringe Selbstwertgefühl, die lang gehegte Feindschaft gegenüber anderen Frauen, die sie so hat werden lassen, mögen sie nun gut oder schlecht sein, sie wissen es eben nicht besser. Sie sind wie mit Blindheit geschlagen und wollen einfach nur das Leben genießen. Sie meinen, sie könnten den Mann reinlegen, und merken gar nicht, daß sie diejenigen sind, die reingelegt werden, denn der Mann, den sie zu beherrschen glauben, betrachtet sie im Grunde seines Herzens als Feindinnen, die ein wenig schamlos, hinterhältig, untreu, ein wenig schlampig, gefährlich, abartig sind, und wünscht sich letztlich nichts sehnlicher, als sie zu vernichten.«

Meine Freundin hat einen Sohn, den sie gemäß ihren Vorstellungen erziehen wollte. Heute tanzt er ihr auf der Nase herum, stiehlt ihr Geld und stellt mit einer ganzen Horde von Freunden jüngeren Mädchen nach. »Ein totales Fiasko«, sagt sie traurig. »Ich weiß nicht, wann und wie ich ihn verloren habe.« – »Vielleicht macht er das ja absichtlich, um dich zu ärgern«, werfe ich vorsichtig ein.

»Ich bin durch Schaden klug geworden und weiß mittlerweile, daß die Gesellschaft stärker ist als die Familie. Meine Erziehungsmethoden wurden unterdrückt von dem, was er auf der Straße, in der Schule oder bei seinen Freunden gelernt hat. Dort findet er zu sich selbst, dort fühlt er sich als Mann. Und trotzdem liebe ich ihn, weißt du, ich liebe ihn sogar sehr und habe Angst, daß ihm etwas zustoßen könnte ...« Liebendes Mutterherz. Ein Herz zum Verzehren, weichgekocht, mit einem Zweig Rosmarin.

24. *Februar – Yuki-chan hat mehrmals klar und deutlich PAPA gesagt. Nur zweimal hat sie »Mama« genuschelt (7 ½ Monate).*

Meine liebevolle Mutter klagt zärtlich darüber, daß ihre zweitälteste Tochter, deren Namen an das Weiße von Schnee erinnert, mehrmals nach ihrem Papa gerufen hat und nur zweimal nach ihr. Ist es möglich, daß ein Kind von sieben Monaten sich bereits für einen Elternteil und zu ungunsten des anderen entschieden hat? Und diese Vorliebe zum Ausdruck bringt, indem es lauthals nach der bevorzugten Person verlangt?

Man könnte sagen, daß die Verteilung der Zuneigung natürlich in jeder Familie mit ängstlicher Sorge beobachtet wird, egal, wie emanzipiert sie ist. »Wen hast du lieber, Papa oder mich?« Was für eine alberne Frage! Trotzdem wird mit ihr eine wunde Stelle berührt.

Alles entscheidet sich gerade in diesen Jahren, sagt Elena Gianini Belotti in ihrem Buch *Was geschieht mit kleinen Mädchen?*, auf das sich in den siebziger Jahren viele Frauen beriefen.

Ein Knäuel emotionaler Spannungen, das nur schwer zu entwirren ist. Ein Vater, eine Mutter, ein Sohn, eine Tochter ... es scheint, als müßte die Natur alles regeln. Aber die denkt nicht im Traum daran. Wahrscheinlich würde die Natur einen in den Inzest treiben, wie es bei den Tieren der Fall ist. »Das Inzesttabu gilt als eine der Grundregeln im menschlichen Zusammenleben. Malinowski schildert das sehr anschaulich. Durch die Exogamie haben die Menschen den kulturellen Austausch zwischen den verschiedenen Gemeinschaften, den Schutz durch die Gruppe, die Trennung der Generationen, die Verteilung der Aufgaben entdeckt«, flüstert meine Freundin, die gescheiterte, verliebte Mutter, noch einmal schüchtern.

Yuki [...] bekommt 5 mal pro Tag Kuhmilch + 10 g Patrogen + 1 gekochten Apfel mit Zucker und Butter +

1 Haliva + einen Mandarinensaft + ab und zu Brotrinde (wenig).

26. Februar. Yuki sagte den ganzen Tag lang nur Papa, Papa!

9. März. Yuki Cià-cià – dann DA-CIA, noch immer sagt sie nicht klar und deutlich Mama!

Man muß sich diese italienische Familie weitab von Italien einmal vorstellen: ein unerschrockener, abenteuerlustiger Vater, eine energische junge Mutter, die von ihrer Rolle erfüllt ist, und drei kleine Mädchen. Ein frischgebackenes Elternpaar, das sich auch weit weg von zu Hause offen der aristokratischen Tradition widersetzte, Ammen, Gouvernanten oder Kindermädchen mit der Pflege ihrer Kinder zu betrauen. Ein Brauch, dem später auch die Bourgeoisie nacheiferte: Madame Bovary zum Beispiel überlegt nicht zweimal, als es darum geht, ihre einzige Tochter einer ganz einfachen Frau zu überlassen, die von Hygiene keine Ahnung hat. Flaubert, der die Bovary hinter der Tür belauert, beurteilt sie mit ausgesprochener Strenge und folgt ihr, als sie sich auf den Weg macht, ihre Berthe bei Madame Rollet zu besuchen, der Frau des Tischlers. »In der einzigen Stube im Erdgeschoß stand an der hinteren Wand ein großes Bett ohne Vorhänge. Die Seite am Fenster […] nahm ein Backtrog ein. In der Ecke hinter der Tür standen unter der Gosse Stiefel mit blanken Nägeln, daneben eine Flasche Öl, aus deren Hals eine Feder herausragte. […] Emmas Töchterchen schlief in einer Wiege aus Weidengeflecht. Sie nahm es mit der

Decke, in die es gewickelt war, empor und begann es im Arm hin und her zu wiegen, wobei sie leise sang. Leo ging im Zimmer auf und ab. Die schöne Frau in ihrem hellen Sommerkleid in dieser elenden Umgebung zu sehen kam ihm seltsam vor. Sie ward plötzlich rot. Er wandte sich weg, weil er dachte, sein Blick sei vielleicht zudringlich gewesen. Sie legte das Kind wieder in die Wiege. Es hatte sich erbrochen und die Mutter am Halskragen beschmutzt. Die Amme eilte herbei, um die Flecken abzuwischen. Sie beteuerte, man sähe nichts mehr davon.«

»Ich habe weiter nichts zu tun, als sie immer wieder zu säubern«, sagt die Frau verärgert. Und sie bittet die elegante Dame, ihr Seife zukommen zu lassen, da sie nicht das Geld hat, um welche zu kaufen. »Meinetwegen«, antwortet Emma eilig. Beim Hinausgehen schüttelte sie sich. Die Frau begleitete die beiden bis zum Ende des Hofes, wobei sie in einem fort davon sprach, wie beschwerlich es sei, nachts so häufig aufstehen zu müssen ...«

Eine keineswegs liebliche Schilderung, in der Flaubert seinen ganzen Abscheu vor einer egoistischen und oberflächlichen Mutter zum Ausdruck bringt. Angesichts der Trostlosigkeit dieser Szene, angesichts des Schmutzes, in dem ihre kleine Tochter lebt, zeigt Emma keinerlei Besorgnis, keinerlei Angst, sie ist lediglich gereizt, weil das Neugeborene mit seinem Erbrochenen ihr Kleid beschmutzt hat. Flaubert übt scharfe Kritik an ihr. Im übrigen hatte er ein ganz anderes Exemplar bei sich zu Hause. Madame Justine-Caroline Flaubert, die von einer derart tyrannischen Fürsorglichkeit war, daß ihr Sohn sich genötigt sah, sich die Briefe seiner Geliebten an die Adresse eines Freundes schicken zu lassen, damit sie nichts davon erfuhr und ihm nicht eine ihrer moralischen mütterlichen Eifersuchtsszenen machte. Bleibt noch zu erwähnen, daß Flauberts Filius schon vierzig Jahre alt war.

Meine Mutter ist aber nun ein Mensch, der so gar keine bovaresken Züge an sich hat. Den törichten Träumen ihrer Zeit abhold, mit bestimmten Lebensvorstellungen und dazu äußerst aktiv, vertrat sie den Standpunkt: Ich mache alles selbst, denn den anderen traue ich nicht. Und häufig tat sie gut daran. Außerdem war sie ja vor einer bovaresken Mutter geflohen: Großmutter Sonia lebte, wie Emma Bovary, von schlechten Träumen, war auf der Suche nach der großen Liebe, geriet dabei ständig an nicht gerade vertrauenerweckende Personen, und dann jammerte sie über die erlittenen Seelenqualen und machte großes Aufhebens davon. Gewiß war ihre Frustration ein Grund für die Unbekümmertheit, mit der sie ihre Mutterrolle wahrnahm. Es quälte sie, daß sie mit einer kräftigen Sopranstimme begabt war und sie nicht nutzen konnte, daß sie über schauspielerisches Talent verfügte, der Zugang zur Bühne ihr jedoch versagt blieb. Aber damals geziemte es sich nicht für eine Frau aus guter Familie, ans Theater zu gehen und in aller Öffentlichkeit zu singen, außer im Rahmen abendlicher Wohltätigkeitsveranstaltungen.

Wenn Großvater Enrico nicht gewesen wäre, hätte Sonia vielleicht genau wie Emma gehandelt und ihre Töchter irgendeiner sizilianischen Bauersfrau irgendwo auf dem Land überlassen, inmitten von Fliegen und Bremsen, und sie selbst hätte ihre Freiheit für Ausritte mit ihren Verehrern benutzt. Aber Großvater Enrico war nicht Charles Bovary. Und im übrigen lagen jene Ereignisse nahezu einhundert Jahre zurück.

Im Schlafzimmer der Großmutter hing eine überdimensionale Abbildung ihres Auges. Etwas, das mich als Kind sehr faszinierte. Ein Auge so groß wie ein Fisch, dunkel, leuchtend, ausdruckslos. Ich weiß nicht, wie alt die Fotografie war, und ob die Großmutter das Auge aus einer Aufnahme ihres ganzen Gesichts hatte ausschneiden lassen, weiß ich auch nicht. In einer unverständlichen Zeichensprache schien dieses ins Leere gehende Auge Ausdruck eines erschütternden, einsamen Hilferufs zu sein, den offenbar nie jemand gehört hat. Ich glaube, daß Großmutter Sonia sich trotz der Liebe ihres Ehemannes nach den fernen Landen sehnte, in denen sie geboren und aufgewachsen war: nach Chile. Sprachlich und gefühlsmäßig lebte sie wie in einem Exil. Ein Exil, über dessen tiefere Ursachen sie sich wahrscheinlich niemals Gedanken gemacht hatte, gefangen wie sie war in der Rolle der »Bösen«, die für sie fast zu einem Quell verzweifelten Stolzes geworden war.

Mit zunehmendem Alter ging meine Mutter mit dieser schönen, überschwenglichen Frau, die keine Ruhe fand, möglicherweise sogar zu hart ins Gericht. Diese Löwin, für die jedes Haus ein Gefängnis war. Diese eingeschlossene Stimme in einem Körper, der schon frühzeitig den gesellschaftlichen Regeln seiner Klasse unterworfen war.

Um die dauernde Abwesenheit der Mutter wettzumachen, um sich auch in ihrer Selbstachtung von der leidenschaftlichen Chilenin aus alter Familie zu unterscheiden, die, obwohl sie seit siebzig Jahren in unserem Land lebte, noch nicht gelernt hatte, korrekt Italienisch zu sprechen, widmete sich meine Mutter mit der Pedanterie einer traditionellen Hausfrau der Erziehung ihrer Töchter.

16. März – D. wieder einmal Mandelentzündung. 39,6 Fieber. Der Arzt sagt, ihre Mandeln sind zu groß. Müssen raus. D. starke Schmerzen an einem Ohr – ich muß fast die ganze Nacht meine Hand drauflegen. Außer Mandarinensaft nichts zu sich genommen.

Dieses Bild einer jungen Mutter, die ihrer Tochter die ganze Nacht hindurch die Hand auf das schmerzende Ohr legt, taucht erst jetzt, beim Lesen der nüchternen, flüchtigen Tagebucheintragung, aus den nächtlichen Wassern der Erinnerung auf. Offensichtlich war sie sich nicht darüber im klaren, was für ein Opfer sie brachte. Niemand verlangte es von ihr, und deshalb fiel es sehr viel großzügiger aus. Mutter und Tochter, im Schmerz vereint, ob man sie jemals aus den geheimen Räumen der familiären Erinnerung tilgen kann?

17. März – 39 – maximal. Bitteres Medikament in Pulverform, vom Arzt verordnet (eine Art Aspirin), sonst keine weitere Behandlung. Fosco ist nicht da, ich bin allein – ziemlich verärgert.

18. März – idem – ein halbes Ei, etwas Milch.

19. März – maximal 38 – Mandarinensaft und Ananas.

20. März – Yuki 38–37,6 – ein Ei – Kekse – gab ihr Pyramidon (aus Italien) für Kinder. Morgens ist sie aufgestanden.

21. März – D. 37,4 – Yuki 38.

22. März – D. und Y. fieberfrei! Viel geschlafen – blaß und abgemagert – etwas gegessen.

Tagelanges geduldiges Abwarten, nicht geschlafen! Mehr als besorgt.

In solch heiklen Situationen fällt die Abwesenheit des Vaters auf. Das hing natürlich mit seiner Arbeit zusammen. Ein Ethnologe muß nun mal reisen. Aber ist es möglich, daß ein Vater immer ausgerechnet dann unterwegs ist, wenn eine Tochter Fieber hat, wenn sie der Keuchhusten quält, wenn sie ihren ersten Zahn bekommt oder wenn ihr erster Schultag ansteht? Und ist es wirklich nur die Natur, die eine Frau dazu drängt, der Tochter die ganze Nacht lang die Hand auf das kranke Ohr zu legen?

»Sie will doch wohl nicht Karriere machen?« sagt man von einer Frau, die sich diesen Opfern entzieht, etwa um einer Arbeit nachzugehen, die sie begeistert. In dem Wort »Karriere« liegt bereits eine

Verurteilung. Innerhalb der Familie verzeiht man es ihr nicht, wenn sie in schwierigen Momenten abwesend ist, wenn sie sich Kindern und Büro zu gleichen Teilen widmet. Wenn es nicht zu einer offenen Verurteilung kommt, wird gefrotzelt. Hunderte von Erzählungen und Romanen, Filmen, Theaterstücken und Witzen haben der Welt gezeigt, wie lächerlich oder abartig eine Frau sein kann, die sich ihrer »Karriere« verschrieben hat. Und zwar in dem Maße, daß man dieses Wort im Zusammenhang mit Frauen schon gar nicht mehr benutzen kann.

Meine Mutter begrub jeden Wunsch nach Berufstätigkeit, als sie mich bekam. Dabei besaß sie eine leichte, geschickte Hand zum Malen, und ihre Bilder mit dem bitteren und naiven Zug haben sich eine bewundernswerte Frische bewahrt. Ich habe zwei Selbstporträts von ihr, die durchaus beweisen, daß sie das Zeug dazu hatte, eine ebenso gute Malerin zu werden wie all die Rosas, Raffaels und Severinis.

Sie hat sich niemals über diese Unterbrechung ihrer Arbeit beklagt; ihr Verzicht erfolgte vielmehr mit dem Enthusiasmus, den auch ihre Bilder offenbaren. Und sicher fand niemand ihr Opfer ungerecht. Hätte sie denn eigentlich nicht weiter malen und sich gleichzeitig um ihre Töchter kümmern können? Offenbar nicht, die jeweiligen Zeiten ließen sich nicht miteinander vereinbaren, die gleichmäßige Verteilung der Aufgaben gelang nicht. Außerdem galt es als völlig normal, daß eine Mutter der kleinen Kinder zuliebe ihr Talent zurückstellte. Schluß, aus,

Ende! Wohingegen es dem Ehemann gestattet war, zu verreisen, die Welt zu entdecken, sich in andere Frauen zu verlieben, und wenn er nach Hause zurückkam, durfte er sogar erwarten, wie ein König empfangen zu werden.

Es ist bewundernswert, wie meine Mutter mit der Präzision einer Apothekerin unsere ersten kärglichen Mahlzeiten abwiegt.

10. Januar, Yuki 6 Monate alt – sie stellt sich auf die Füße und bleibt aufrecht stehen, wenn man ihre Händchen festhält.

Jetzt gebe ich ihr:

8 Uhr morgens: 60 g Kuhmilch (gekocht).

[…]

12 Uhr mittags: das gleiche – mit dem Saft einer ½ Mandarine.

4 Uhr nachmittags: das gleiche + einen Eßlöffel Apfelkompott.

8 Uhr abends: das gleiche + 1 Tablette Haliva.

12 Uhr nachts: das gleiche.

4 Uhr morgens: Häufig wacht sie auf, und ich gebe ihr eine weitere Mahlzeit. Schläft sie, fällt diese aus.

Auch in dieser Sorgfalt erkenne ich einen Gegensatz zu der Unberechenbarkeit von Großmutter Sonia, die von Strenge zu exzentrischer Freizügigkeit überging und die alltäglichen kleinen Mühen vernachlässigte. Die junge Frau hatte es sich zur Pflicht (einer nahezu notariellen Pflicht) gemacht, ihre Töchter mit viel Geduld und pädagogischem Willen aufzuziehen;

beides hätte mit Sicherheit auch noch für eine zweite Person ausgereicht, die nicht darüber verfügte.

Unten auf der Tagebuchseite klebt ein Zeitungsausschnitt vom 14. Januar 1940. *Heiliger Dazio, Bischof von Mailand seit dem Jahre 552. B. Odorico Mattiussi aus Pordenone (Udine).* Dem heiligen Dazio verdanke ich meinen Namen, der in der Familie meiner Mutter weitervererbt wurde zum Gedenken an den im fernen 6. Jahrhundert »von den Barbaren gepeinigten« Märtyrer.

Als ich klein war, haßte ich diesen für ein Mädchen ganz ungewöhnlichen Namen. Kinder, das weiß man, sind Konformisten. Sie begreifen nicht, daß es jemandem gefallen kann, anders zu sein, sich zu unterscheiden, und sei es bloß durch den Namen. Wahrscheinlich deshalb, weil sie noch zu schwach sind, um eine Stellung ertragen zu können, die sie von der Norm absetzt. Damals war mein einziges Bestreben, mich in nichts von den anderen zu unterscheiden, aber das war ein frommer Wunsch, denn ständig stolperte ich über mein Anderssein: eine konfessionslose Familie, frühzeitiges Reisen, das Überqueren der Ozeane, die Erfahrung des Konzentrationslagers, der Hunger, die extravaganten Namen: Fosco, Topazia, Yuki, Dacia, all das war außerhalb des Normalen.

Am liebsten wäre mir gewesen, ich hätte Maria geheißen, hätte dunkle Haare gehabt und schwarze Augen, ganz normale Eltern, einen Vater, der morgens das Haus verläßt, um zur Arbeit zu gehen, und eine dicke, gutmütige Mutter. So waren die Familien meiner Schulkameraden, sowohl in Japan als auch später in Italien. Statt dessen war mein Vater seiner ethnologischen Studien wegen ständig auf Reisen, und meine Mutter hatte die Mentalität einer Achtzehnjährigen, die uns zwar sehr liebte, aber kaum so wie andere Mütter war. In unseren Zimmern gab es keine Puppen, keine Heiligenbilder, keine Gebetbücher, sondern Reproduktionen von Picasso und Matisse. In den überladenen Bücherregalen fanden sich keine Liebesromane und keine unnützen Enzyklopädien, sondern Proust und Dostojewski, Virginia Woolf, Henry James und Svevo.

Juni 1940. D. will nicht im Nebenzimmer schlafen. Nachts steht sie auf und kommt zu Mama; also schläft sie jetzt bei Mama im großen Bett (und Papa im Nebenzimmer!) und Yuki in dem Bettchen daneben. Daciuzza hat häufig Ohrenschmerzen (links und rechts) – mal mit Fieber, mal ohne.

Ich frage mich, ob meine Ohren den Lärm der Welt nicht hören wollten. Zuviel Getöse, zuviel Unruhe, zuviel von allem. Vielleicht verhielt es sich auch umgekehrt, und sie hörten etwas Fernes und Bedrohliches, das die anderen noch nicht wahrnahmen: einen sich nähernden verheerenden Krieg, durch den unser Leben wie das Leben von Abermillionen anderer Menschen aus den Fugen geraten würde.

Jetzt kann sie [Yuki] ein paar Sekunden lang stehen (gestützt), will aber nicht sprechen – sie streckt einem ihr Händchen entgegen, wenn sie hochgenommen werden will, und strampelt wütend. Sie kann allein sitzen, kippt aber auf die Seite, wenn keine Kissen um sie herum drapiert sind.

Und einige Tage später prangt in großen Lettern auf der Tagebuchseite:

YUKIS ERSTE WORTE

5. Juli. Knapp ein Jahr alt, Yuki erstmals allein auf den Füßen gestanden.

Worte: Tatta! Odì. Dacia-cìan.

14. Juli onnicià (connichiwa)

àdà (ya-da)

babài (banzai) [es lebe … ! Ein Hochruf auf zehntausend Jahre Gesundheit und Unsterblichkeit]

a-bàba (obasan) [das Kindermädchen]

16. Juli gelernt, Mama »ein Küßchen« zu geben (dann aber sofort wieder verlernt!).

Ende August – sie kann sehr schön allein laufen, nur ab und zu verliert sie das Gleichgewicht und fällt auf die Seite (drollig!), weint aber nicht.

Anfang September saonaa (saionara) Auf Wiedersehen

iraisciaa (irashai) komm

pan für alles Eßbare

oc(i)ta (gefallen)

chita (gekommen)

nèe (nicht wahr?)

na für nein, dabei schüttelt sie den Kopf

scio da (ciodai) please

Ende Okt. Abuna (abunai) gefährlich

azì (atsui!) heiß

D. liest am liebsten, wenn Yuki bei ihr ist. Beide liegen in D.s Kinderbett, das Gitter auf bequemer Höhe, und sind ganz brav und zufrieden. So sweet to look at!

Lesen war ein Faible von mir. Ich wollte schon lesen, als ich die Wörter noch gar nicht entziffern konnte, und trug immer mein Märchenbuch bei mir, bisweilen auch mal verkehrt herum. Mein Traum war, einmal mit Little Nemos fliegendem Bett unterwegs zu sein. Es war jedesmal so aufregend zu entdecken, daß man wieder in einem anderen Land angekommen war: bei den Riesenlilien, hoch wie Urwaldbäume, gegen die ein Kind winzigklein wirkte; bei den Häusern aus Eis, in denen die Möbel durchsichtig waren; bei den Seerosen, auf deren Blütenblättern sich verwunschene Frösche unterhielten und Zeitung lasen; bei den freundlichen Löwen, die nichts lieber wollten als Verstecken spielen. Ich begeisterte mich für die Familiengeschichten des Elefanten Babar. Und für Pinocchio, der Lügen erzählte und sich dann davonmachte, während sein geliebter Geppetto hinter ihm herjagte.

Außerdem liebte ich die Geschichten von Mother Goose, die ihre Eier an den unvorstellbarsten Plätzen ablegte und dann kämpfen mußte, um sie zu verteidigen. Von der Zwergenfamilie, deren Zuhause ein riesiger Schuh war. Und die Geschichten von Pierino Porcospino, dem Struwwelpeter, der sich weigerte, sich die Nägel schneiden zu lassen, bis sie schließlich so lang waren, daß er aussah wie ein Stachelschwein, oder der sich zum Spaß von Kopf bis Fuß mit Mehl bestäubte, so daß ihn jemand in den Backofen schob, »gekocht, verkocht und geröstet«, um mit Goldoni zu reden. Meine Phantasie war grenzenlos. Und ich bekam einfach nie genug von den Geschichten. »Noch eine«, sagte ich zu meiner Mutter, »noch eine«, so lange, bis ich lesen und mir die Bücher selbst aussuchen konnte. Noch heute werde ich mißmutig und traurig, wenn ich keine Geschichte habe, die mich fesselt und mich an der Hand in unbekannte Gegenden führt, in Zimmer, die nicht meine sind, in ferne, verlockende Zeiten. Ohne zu lesen, könnte ich nicht leben.

Jahreswechsel 1940

Am 31. D. 39,6 Fieber! Um zwei Arzt gekommen: eitrige Mittelohrentzündung (rechts). Um 3 mit ihr zum Tenchi Byoin. Um 6 Perforation des Trommelfells – ich sehr beeindruckt – innerhalb einer Minute hat man sie betäubt. Am nächsten Tag Fieber gesunken. Die Nacht über mit ihr in einem Bett geschlafen. Fosco in einem anderen Bett daneben.

Endlich war auch mein Vater einmal zugegen; er wird wohl wegen der Feiertage zu Hause gewesen sein.

Ein schöner Neujahrstag!! Am 2. Januar erneut hohes Fieber – das andere Ohr! Alles beginnt wieder von vorne, eine Menge Eiter tritt aus, das Fieber sinkt. D. schläft viel, läßt aber nicht eine Minute meine Hand los! Die Behandlung ist schmerzhaft, und sie schreit vor Angst. Um sie nicht noch mehr aufzuregen, gebe schließlich ich ihr die Medikamente, zum Mißfallen der Krankenschwester. Am 4. Januar Fieber um 3° gestiegen (Mandelentzündung), aber man befürchtet Diphtherie. Sie bekommt sofort eine erste Antidiphtheriespritze – sehr niedergeschlagen, den ganzen Tag lang in schrecklicher Sorge. Am 5. sinkt das Fieber allmählich – es war keine Diphtherie! Ich überglücklich. Alle so nett, bringen Süßigkeiten, Blumen, Spielzeug vorbei. Rufen an. Am 6. dürfen wir mit ihr nach Hause, denn es geht ihr so gut, daß sie nicht länger liegen will. Trotzdem lasse ich sie bis zum 8. in ihrem Bett, danach im Wohnzimmer. Am 7. rash all over the body – Folge der Antidiphtheriespritze. Am 9. ihre Knie und alle anderen Gelenke stark geschwollen – der Arzt tippt zunächst auf Rheumatismus, aber da sie kein Fieber mehr hat, vermutet er, daß es immer noch eine Folge des Impfstoffs ist (was für ein abscheuliches Gift!). Am 15. am ganzen Körper Nesselausschlag (zwei Tage lang) – wie riesige Mückenstiche. Armes Töchterchen. Seit fast 20 Tagen war sie jetzt nicht mehr an der frischen Luft, aber immerhin ist sie fieberfrei.

Es liegen so viel Fürsorge und so viel Zärtlichkeit in der Art, wie die Mutter sich über den Körper der kranken Tochter beugt, daß ich ein Leben lang davon zehren kann. Hätte ich nicht soviel Zuwendung von ihr bekommen, wie hätte ich dann alles ertragen können: das Konzentrationslager, den Hunger, die Würmer, die Läuse, die Bomben, die Erdbeben und noch einmal den Hunger, diesen entsetzlichen Hunger?

Trotz aller dramatischen Entwicklungen verfüge ich über eine optimistische Grundeinstellung, die sicherlich auf diesen ersten wichtigen Erfahrungen mit der mütterlichen Liebe gründet.

24. März 1941. Wir (D. und Mama) verlassen Sapporo und reisen nach Tokio ab. Yuki und Papa werden später mit Obasan nachkommen (5. April).

D. zeigt reges Interesse für die vielen italienischen Kinder – aber sie spricht kaum! Nach 40 Tagen in Tokio hat sie schon viel Italienisch gelernt!! Alle finden sie so brav, so gut erzogen. »Was für ein goldiges Kind!« Den Japanern gegenüber ist sie sehr viel kecker, vielleicht weil sie sich bei ihnen wie zu Hause fühlt – und die lachen und sagen »kawai«, egal, was sie macht! Im Hotel hat D. mit allen Freundschaft geschlossen. Geschenke von allen bekommen: Soldaten (Offizieren), vornehmen Damen, Zimmermädchen, liftboys! Mir ist das furchtbar peinlich!

Diese Wandlung ist schon merkwürdig. Wann sie wohl stattgefunden hat? Wann ist aus dem Kind, das überhaupt keine Übelkeit kennt, ein junges Mädchen geworden, dem sich bei jeder Gelegenheit der Magen umdreht, so daß es nicht einmal mehr ein Boot besteigen kann? Und wann habe ich mich von einem geselligen Kleinkind, das mit »Soldaten, vornehmen Damen, Zimmermädchen, liftboys« Freundschaft geschlossen hat, zu einer mehr als schüchternen Halbwüchsigen entwickelt, die Angst hatte, ein Kino zu betreten, wenn die Lichter brannten, die sich vor den Erwachsenen fürchtete und sich in die hintersten Ecken verkroch, um nicht gesehen zu werden? Es gelingt mir nicht, die Bruchstelle zu finden, diesen Riß, durch den mein Charakter plötzlich anfing, leck zu werden.

An die japanischen Kinder, denen gegenüber ich keck war, erinnere ich mich nicht mehr. Statt dessen erinnere ich mich an meine Mutter, an ihre liebenswürdige Klugheit, die ich durch Verletzungen und

Beleidigungen bedroht sah. Ich hatte schreckliche Angst, sie zu verlieren. Jung, wie sie war, mit langen, feinen blonden Haaren, einem lebhaften, weichen, wohlriechenden Körper. Ich glaubte, alle wollten sie rauben und mir wegnehmen. Ich konnte nicht einschlafen, solange sie nicht zu Hause war und sich über mich beugte, um mir einen letzten Kuß zu geben. Ich wußte, daß ihre zärtlichen blauen Augen mich in der Dunkelheit fixierten; ich gab vor zu schlafen und atmete ihren Geruch ein, einen Geruch nach Lippenstift, nach Rosenwasser, mit dem ihre Haare besprüht waren, nach einem erhitzten Körper, nach gerade getrunkenem Sake. Manchmal umarmte ich sie und sagte zu ihr: »Bitte, bitte, bleib hier.« Dann stellte sie ihre Handtasche auf den Fußboden, setzte sich aufs Bett und sang mir den Chor aus der *Butterfly* vor, bei dem ich noch heute einen Kloß im Hals verspüre.

D. fängt schon an, den Dialekt von Kyoto zu sprechen (aspiriert wie der florentinische). Einziger Nachteil an diesem Haus – die »tonari«, die Nachbarn mit 5 schlampigen, schlecht erzogenen Kindern, mit denen D. immer spielen will. Bei den japanischen Gepflogenheiten kostet es mich einige Mühe, sie von ihnen fernzuhalten, die Kinder kommen einfach hierher.

Ich erinnere mich nicht an die Spiele, aber ich erinnere mich an den scharfen, rauchigen Geruch der Luft. Hin und wieder erschien eine Mutter, um eines ihrer Kinder zu rufen: Mieko-chan! Yunichirochan! Und sogleich vernahm man das Rascheln von Bastsandalen, die über den Gehweg schlurften. Das Bellen eines Hundes. Eine laut durcheinander schwatzende Mädchenschar, die aus einer nahe gelegenen Schule kam. Der Duft von blanchiertem Daikon und gedünstetem Reis. Ich fühlte mich wie eine Japanerin, nicht anders als die anderen Kinder mit den triefenden Nasen, die durch die Straßen rannten und einander aus den verrücktesten Verstecken riefen. Was ist Anderssein denn eigentlich, ein Gefühl? Eine Wand aus Fleisch und Blut? Ein Gemisch aus erkennbaren Gerüchen? Nicht einmal heute weiß ich es.

5. April 1941. Allesamt in KYOTO.

Sie haben es rechtzeitig zum (zu Recht) berühmten Cherry blossom geschafft. Wir besichtigen alle zusammen den Heian jingu, einen Shintotempel.

Erst viel später habe ich erfahren, was Shinto eigentlich bedeutet. Ein archaischer, großzügiger Glaube, der die Toten, die Pflanzen, die Tiere zu Wort kommen läßt, der an Helden glaubt, an Kriege, an Treue unter Einsatz des Lebens und an die Sprache der Geister.

Die Japaner haben die alte Religion der Göttin Amaterasu, der Geister und des unfehlbaren Tennos auf kluge Weise mit einer neuen vermischt, die abstrakter und philosophischer war als die spirituellen Regeln Buddhas und die ganz allmählich im 6. Jahrhundert über koreanische Mönche, die als erste die Schriften des Sutra einführten, aus China kam.

Ich erinnere mich an ein köstliches Aquarell, das

mit einer gewissen Bosheit den Schiffbruch eines Bootes darstellt, das in den fernen Jahrhunderten der religiösen Wanderungen zwischen der chinesischen und der japanischen Küste hin- und herpendelte. Das Boot tanzt hilflos wie eine Nußschale auf den blaugrünen Wellen einer stürmischen See. Darin befinden sich an die zehn koreanische Mönche, die erschrocken umherlaufen und ihre Arme und Beine entblößen, die mittlerweile längst vom salzigen Wasser umspült werden. Einer greift vergeblich nach seinem Hut, den eine Windböe ihm vom Kopf gerissen hat, ein anderer bemüht sich, mit einem kleinen Topf das Wasser aus dem Boot zu schöpfen, das reichlich über die Seiten hereinschwappt, ein dritter versucht verzweifelt, sich der Ruder zu bemächtigen, die von der Strömung mitgerissen zu werden drohen. Zwei weitere Mönche mit nackten Armen und Beinen sind damit beschäftigt, den Ballast über Bord zu werfen, darunter auch die heiligen Schriften. Nur ein einziger, ganz junger Mönch, der sich für besonders fromm hält, beobachtet verzweifelt, wie die vom Wind zerrissenen geöffneten Bände in den Wellen davontreiben.

Selbstverständlich war es für die beiden so unterschiedlichen Religionen nicht einfach, zueinanderzufinden, und trotzdem mußte es dazu kommen, fast so wie bei einer vermittelten Ehe. Zwei Länder, die einen so regen Austausch pflegten, einen so starken Handel, auch was Literatur betraf, konnten dem jeweils anderen den Einblick in die religiösen Handlungen nicht verwehren. Es folgte ein mühevoller, langjähriger Krieg zwischen den mächtigen religiösen Familien der Makatoni und der Mononobe auf der einen Seite, die bestrebt waren, die antike Religion ihrer Vorväter zu verteidigen, und der großen und modernen Familie der Soga auf der anderen Seite, welche den Buddhismus verfocht und schützte. Anfangs betraf der Wandel vor allem die Intellektuellen, Künstler und Philosophen, die den Buddhismus als eine moderne und besinnliche Religion ansahen, die nicht so fetischistisch an den Dingen hing. Erst Ende des 8. Jahrhunderts näherten sich allmählich auch die Armen, die Bauern und Fischer, der leicht nihilistischen Spiritualität des Buddhismus an. So entstehen die Synkretismen, die stets schlau, stets intelligent daherkommen, immer bereit, das Beste eines alten Kultes zu bewahren und ihn mit der Modernität einer aufsteigenden neuen Universallehre zu vermischen. Aber die eigentliche Verwandlung der religiösen chinesischen Philosophie in einen in allen Schichten der japanischen Bevölkerung verbreiteten Kult erfolgt erst im 12. Jahrhundert mit dem Zen-Buddhismus.

Während meiner Reisen durch das heutige Japan habe ich bemerkt, daß in sehr vielen Häusern, sowohl bei Reichen als auch bei Armen, immer irgendwo ein Altar aufgebaut ist, wo man der Ahnen gedenkt, indem man ihnen frische Reiskugeln darbietet mit Zukemono, Sake und Yokan, einem Gebäck aus Sojateig. Gegenüber befindet sich eine kleine Nische mit einem schlichten, freundlichen Bild von Buddha, der die Speisen verschmäht und ein leicht ironisches Lächeln aufsetzt angesichts dieses archaischen Brauchtums. Sein sitzender Körper, in der Pose einer Lotosblume, lehrt, daß das menschliche Leben eine Illusion ist, daß die eigentliche Weisheit darin besteht, sich von allen Wünschen und Leidenschaften loszusagen und sich dem Fasten und der Meditation zu widmen.

Kurzum, auch heutzutage, im Zeitalter der großen Banken und der elektronischen Kommunikation, weilen in den japanischen Häusern – genau wie vor und während des Zweiten Weltkrieges – immer noch die Toten mit wohlwollendem, liebevollem Geist mitten unter den Lebenden. Des Nachts knabbern sie ein wenig an den ihnen andächtig dargebotenen Speisen: Geräuschlos bewegen sie sich in ihren »tabi«, kurzen, sauberen Baumwollstrümpfen, und schütteln bekümmert den Kopf, wenn die Dinge in der Familie nicht zum Besten stehen, um dann wieder zu lächeln, wenn das Leben in ruhigen Bahnen verläuft.

Alles unter den nachsichtigen Augen des Buddhas, der – sosehr er auch Gerechtigkeit, Ehrlichkeit und Respekt gegenüber allen lebenden Kreaturen predigt – im Innersten Distanz hält zu den weltlichen Dingen, eine Art »Staub bist du, und zu Staub sollst du wieder werden«, was uns ja sehr vertraut ist. Aber das Bewußtsein des Nichtbuddhisten ist milder und unbestimmter. Der Mensch kann durch eine Reihe falscher Erfahrungen hundert Leben leben, als Mensch oder als Küchenschabe, als Königin oder als Schwein, aber am Ende wird er das Nirwana erreichen und die Perfektion des Universums kennen. Die Vorstellung der Wiedergeburt ist tröstlich und versüßt die Wartezeit, die über den verstorbenen Christen verhängt ist, bevor er beim Klang der Trompeten des Jüngsten Gerichts aus dem Grab steigt.

Natürlich habe ich diese Überlegungen erst später angestellt, aber das Miterleben des Kirschblütenfestes ist noch sehr gegenwärtig in meiner Erinnerung – welche mir bisweilen lebhaft und elastisch vorkommt, aber dann wieder völlig erloschen und unbeweglich. Ich ertappe mich dabei, wie ich keuchend im Dunkel meines alternden Gedächtnisses umherirre und nach einem Wort suche. Mit der Vokabel entgleitet dir häufig der eigentliche Sinn deiner Erfahrung. Da, wo kein Name ist, ist, wie Wittgenstein sagt, auch kein Ding. Ob das stimmt? Wie soll man das beweisen?

Die »momigi«, also die Ahornbäume, hatten sich verfärbt. Ein leichtes Schillern der Blätter von Ockerfarben zu Amarant, von Gladiolenrosa zu Dottergelb. Jahre später habe ich einer Aufführung des Nō-Theaters beigewohnt, in der ein alter Baum von seiner Vergangenheit erzählte. Ich meine mich zu erinnern, daß es ein Ahorn war, der in dem Moment, in dem er seine Farbe wechselte, das Wort ergriff und sich mit ruhiger, kluger Stimme an die Wandergesellen wandte.

Die Schriften des Zeami haben mich gelehrt, daß das Theater auch dazu da ist, die Toten zu beschwören. Bei denen es sich nicht um Feinde handelt, die in Särge zu sperren sind, wie uns die katholische

Tradition weismachen will. Möglicherweise werden diese geheimnisvollen Wesen zwar beim Klang der Trompeten des Jüngsten Gerichts aus ihren Gräbern steigen, aber die Frage ist, wie? Als strahlende junge Menschen oder als verweste Kadaver, wie die zahlreichen Filme über lebende Tote suggerieren. In der japanischen Kultur haftet den Toten nichts Bedrohliches an, sie haben keine Eckzähne, die sich jeden Augenblick in die Hälse irgendwelcher Ahnungslosen bohren können; vielmehr kommen sie als Freunde, die sich sorgen, wenn es um Fragen der Ehre geht, und mit denen man in Vollmondnächten lange Gespräche führt.

Ich weiß noch, daß ich mir an jenem Festtag inmitten des Gedränges im Shintotempel Heian zum ersten Mal die Welt als eine Gesamtheit von Menschen vorstellte, wo jeder seine Mutter hat, seinen farbigen Kimono, seine Schuhe, sein Spielzeug, seine Omochi. Es war ein seltsamer und beunruhigender Gedanke. Vielleicht flackerte darin erstmals die Vorstellung vom Anderssein auf. Außer mir gab es noch so viele andere Ichs, und alle waren mir unbekannt. Was hielt sie zusammen? Und wieso liefen sie alle in dieselbe Richtung? Wer konnte sagen, wie und wann man zu gehen hat? Wann man zurückkehren muß? Wie man sich anziehen soll? Was man ißt? Was man denkt? Wer waren diese Kinder, die mir ähnlich und dennoch ganz anders waren?

Womöglich hatte ich auch gehört, wie Mama und Papa über den stärker werdenen Nazismus und über den drohenden Krieg sprachen, auch wenn wir noch nicht von den bitteren Früchten gekostet hatten.

Ich war noch nicht einmal sechs Jahre alt, als Papa zu mir sagte: »Denk immer daran, daß es keine Rassen gibt. Es gibt zwar verschiedene Kulturen, aber keine Rassen.« Und das ausgerechnet in einem Moment, in dem ganz Europa längst von rassistischer Euphorie gepackt war. Der er sich – unbeugsam und entschlossen, wie es seine Art war – verweigerte, was ihm viele zum Vorwurf machten.

Ab und zu führt Mama die beiden kleinen Schwestern »machini« (in der Stadt). Programm: Dari Moni department store, Spielwarenabteilung. Yuki weiß nie genau, was sie eigentlich will. D. will überhaupt nichts! (sehr blasée). Sie sucht immer nach dem Allerneuesten, nach etwas, das sie noch nie gesehen hat, exciting, und am Ende möchte sie einen Bleistiftspitzer oder ein buntes Taschentüchlein oder irgendein unnützes Plastikfigürchen.

Danach gibt's Eis – dann mit dem Autobus wieder nach Hause – müde, hochzufrieden.

Merkwürdigerweise kann ich mich noch heute für Bleistiftspitzer und bunte Tücher begeistern. In Kaufhäusern oder auf Flohmärkten schaue ich mich zunächst ein wenig um, aber am Ende richtet sich meine Aufmerksamkeit auf einen Baumwoll- oder Seidenschal, nach Möglichkeit in Hellblau. Blau ist meine Farbe, sie gibt mir Frieden, wenn ich unruhig bin. Beim Lesen von Flaubert habe ich entdeckt, daß auch er Blau liebte, eine Farbe, der er erotische Kraft zuschrieb. Normalerweise wird eher Rot mit Sinnlichkeit in Verbindung gebracht. Statt dessen ist jedesmal, wenn Emma Bovary bereit ist, sich hinzugeben, etwas Blaues im Spiel, das sie verändert: der Schleier, der an ihrem Hut hängt, wenn sie mit Rodolphe im Wald ausreitet, das Kleid aus Merinowolle mit den blauen Rüschen, die tiefblauen Wände eines Hotelzimmers. Selbst Emmas Augen, die Flaubert als schwarz bezeichnet, verwandeln sich in der Erregung der Liebe in ein strahlendes Saphirblau.

Im herrlichen Park Gin Kakuji nimmt Mama an einer Teezeremonie teil, während die Kinder in der Küche den rituellen grünen Tee trinken – danach rennen sie mit nackten Füßen übers Moos. Am liebsten würden sie den ganzen Tag dortbleiben.

Eine kurze Darstellung der familiären Situation. Die sich so über Jahre wiederholen soll. Mal ist Papa anwesend, dann wieder nicht. Mama versucht, sich den örtlichen Gewohnheiten anzupassen: Wie man auf vielen Fotos sehen kann, tragen wir den Kimono mit hochsitzendem Obi, der die glatten Seidenstoffbahnen zusammenhält. Nehmen an japanischen Volksfesten teil. Trinken den bitteren grünen Tee, der häufig zu kleinen Reiskuchen und Yokan aus dunklem, zuckersüßem Teig gereicht wird. Wir lernen die Sprache, vielmehr den Dialekt. Wir spielen mit den japanischen Kindern. Alle unsere Kindermädchen sind Einheimische, und ich spreche viel besser Japanisch als Italienisch. Wenn das keine Integration ist! Und dabei handelte es sich keineswegs um eine Pflicht, sondern um ein geistiges und körperliches Vergnügen. Allerdings ist es schwierig, die Grenzen zwischen der einen und der anderen

Kultur zu bestimmen. Und wenn du verschiedene Sitten und Gebräuche praktizierst, kommt dir dann das alte Wissen über dich selbst abhanden? Wenn du aus einer Sprache aussteigst und in eine andere eindringst, verlierst du dann die Zusammenhänge, auf die sich deine semantische Logik stützt? Das sind die Schwierigkeiten, denen jeder Emigrant begegnet – selbst wenn er sich nur zu Studienzwecken im Ausland aufhält, selbst wenn er nicht von Elend und Hunger bedroht ist.

Welche Wirkung hatten die bisweilen widersprüchlichen Lehrmethoden zweier so ferner und einander unbekannter Kulturen auf ein ungestümes, kluges Mädchen? Schwer zu sagen. Es gab Momente, in denen ich glaubte, ich verlöre den Kopf, wie man zu sagen pflegt. Aber dann erholte ich mich auch wieder. Zu viele Schwierigkeiten können dich entweder zerstören oder dich dazu veranlassen, Überlebensstrategien zu entwickeln, zum Teil sogar ganz lustige und einfallsreiche. Ich habe mich auf meinen Instinkt verlassen, und der Instinkt vermochte sich durch die höchsten Wellen zu lavieren. In der Welt der Symbole leide ich nicht an Seekrankheit, genau wie damals nicht, als ich im Alter von einem Jahr auf der »Conte Verde« unterwegs war.

Kann man sich in die Vergangenheit verlieben? *Longing*, wie meine Mutter sagen würden. *Longing for the past.* Die Vergangenheit, die auf diesen Fotos für immer unabänderlich und klar vor meinen Augen auftaucht, ist verführerisch wie eine Meduse. Während die Gegenwart rauh und dornig ist, ja, fast abstoßend in ihrer Nacktheit.

Aber in welchem Moment verwandelt sich die Gegenwart ein für allemal in Vergangenheit? Im Moment danach, lautet die logische Antwort. Und wonach? Nach dem Augenblick, den wir gerade erleben, nicht wahr? Und dennoch, wenn wir nur kurz in diesem Augenblick verharren wollen, existiert er bereits nicht mehr, es gelingt uns nicht, ihn zu analysieren, weil er im Nichts verschwunden ist. Verhält es sich nicht so, daß die Zeit eine Vorstellung ist, die wir uns von etwas machen, das gar nicht existiert? Eine willkürliche Abstraktion, die wir uns nach unserem Ebenbild schaffen und der wir Phantasienamen geben, eigens in dem verzweifelten Bemühen, sie aufzuhalten, ihr eine Form zu geben? In der Tat sind die Erinnerungen mit Namen gespickt, die uns garantieren, daß etwas geschehen ist. Aber was? Die Fotos maßen sich an, uns dies korrekt und präzise mitzuteilen. Sie treten als die glaubwürdigsten Zeugen einer an Bilder gekoppelten Erinnerung auf. Nichtsdestotrotz hatte ich stets den Eindruck, daß gerade diese Bilder dazu da sind, uns hinters Licht zu führen. Sie nehmen sich das Recht heraus, uns die Wirklichkeit vor Augen zu halten, während sie diese beschönigen, aufpolieren und ihr eine völlig papierene Zweidimensionalität verschaffen.

D. spricht ab und zu Italienisch! Zu komisch, ihre japanische Syntax. Einmal, als Papa ihr »Kopfnüsse« androhte, reagierte sie ganz empört: »Papa, du häßliche Mann!«

Und weiter heißt es am 12. April 1940: *D. sagt: »Mama, das gefällt Dacia dir nicht«, und sie spricht italienisch mit japanischen Grammatikregeln, sehr witzig!*

Eine sprachliche Doppelzüngigkeit, die meine Unsicherheit, mich mündlich zu äußern, sicher ungeheuer gesteigert und im Laufe der Zeit verfestigt hat. Ich habe immer alles schriftlich erledigt. Schreiben fiel mir leichter als Sprechen. Ich hatte Probleme mit der Körperlichkeit der Personen, an die ich mich wenden mußte. Eine Form von obsessiver, lähmender Schüchternheit. Der individuelle Mensch, den ich vor mir hatte – wie sehr wir auch befreundet waren, wie wohlgesinnt er mir auch war –, bewirkte, daß mir das Wort im Halse steckenblieb. Wenn ich mich aber statt dessen irgendwo niederließ – und da reichte schon die Treppe einer U-Bahn-Station – und zehn Wörter auf das karierte Blatt eines Schulhefts kritzelte, fühlte ich mich freier.

Das Schreiben ist mit Sicherheit eine Leidenschaft, die ich von väterlicher Seite geerbt habe: Großmutter Yoi schrieb unterhaltsame Bücher übers Reisen. Mein Vater hat immer geschrieben und schreibt auch heute noch, und das mit eleganter Leichtigkeit! Das Italienische wurde nach einigen Anfangsschwierigkeiten meine Sprache. Aber die sprachliche Auswanderung à la Conrad ist mir vertraut. Vielleicht ist auch das ein Grund, warum ich ihn so liebe. Es hat mir viel Freude gemacht, *Il compagno segreto (The Secret Sharer)* zu übersetzen. Dessen Titel ich heute – um einiges mutiger geworden – in *Un clandestino a bordo* ändern würde, den ich dagegen als Titel eines meiner Bücher gewählt habe, eines kleinen Bändchens mit Betrachungen. Tatsache ist, daß *The Secret Sharer* unübersetzbar ist. Im Italienischen gibt es kein entsprechendes Wort für *sharer.* Was für eine Mühe, eine so schwierige und komplexe Sprache mit einer derart vielschichtigen und unnatürlichen Struktur zu entschlüsseln! Wenn man sich eingehender damit befaßt, wird einem klar, daß es sich um eine angenommene und unter Mühen gebildete Sprache handelt. Aber vielleicht entwickelt sich gerade deswegen ihr narrativer Körper, der gezeichnet ist von Wunden, von begrabenem Zorn, von Schuldgefühlen, von andauernden Versuchen und Experimenten, so verführerisch und überaus liebenswert.

Papa nach Tokio abgefahren – am Abend machen Mama und D. einen gemeinsamen Spaziergang durch die verlassenen Straßen, um wenigstens ein bißchen frische Luft zu bekommen. D. ist ein Schatz! Sie will so viele Dinge wissen und spricht oft vom kodomo, das demnächst auf die Welt kommt und das sich derzeit noch in Mamas ehrfurchterweckendem Bauch befindet.

Seltsam, dieses ständige Bedürfnis, einen Schritt rückwärts zu tun und sich auf die Seite zu stellen, um die Mutter und die Tochter zu beobachten, die nach dem Abendessen noch einen Spaziergang machen, um ein bißchen frische Luft zu schnappen. »Mama und Dacia« – das deutet nicht auf Einsamkeit hin, auf Verlassenheit, sondern auf eine perfekte, liebevolle Symmetrie. In Wirklichkeit waren wir nicht zu zweit, sondern zu dritt oder, besser gesagt, zu viert mit der kleinen Toni, die zusammengekauert in Mamas ehrfurchterweckendem Bauch schlief und darauf wartete, ihrerseits auf die Welt zu kommen. Viele Fragen lagen dem frühreifen, schüchternen kleinen Mädchen auf der Zunge. Woher kommen die Kinder? Ja, ich wußte, daß sie dort waren, im ehrfurchterweckenden Mutterleib, aber vorher, wer entschied da, ob sie geboren werden sollten oder nicht, und wann bildete sich dieser kleine Körper, der dann als meine ehrfurchterwekkende Schwester erkennbar sein würde?

Noch ein Mädchen? So wird mein Vater wohl abschätzig gesagt haben. Obwohl er kein Frauenfeind war, legte er Wert auf einen männlichen Nachkommen, der seinen Namen tragen und die Familientradition fortsetzen würde. Von einem männlichen Erben zum anderen wird stets das gleiche überliefert. Es sind Geheimnisse, würde mein Freund Giovanni behaupten, die jeweils vom Vater an den Sohn weitergegeben werden, es sind Wesensverwandtschaften, leibliche Ähnlichkeiten, die die Mutter nicht verstehen kann. Aber ist das wirklich der Fall, lieber Giovanni? Verhält es sich nicht vielmehr so, daß in dieser mysteriösen Erbfolge lediglich das Geheimnis der männlichen Vorherrschaft weitergegeben wird?

Das kleine Mädchen, vom dem hier die Rede ist, legte ein Unabhängigkeitsbedürfnis an den Tag, von dem zu meinen, es gehöre nicht zur weiblichen Natur, dumm wäre, selbst wenn es im Widerspruch steht zu den zu allen Zeiten verbreiteten Gemeinplätzen über Mädchen.

D. wollte auf der Stelle nach draußen, um die Umgebung zu erkunden. Die Kinder aus der Nachbarschaft lachten sie aus und ergriffen dann die Flucht, wohl aus Angst vor der »mezurashi«-Erscheinung einer lebendigen »o ninghyo-san« (Puppe). Anstatt sich darüber zu grämen, rannte D. mit einem Schwall japanischer Sätze hinter ihnen her, die den gewünschten Effekt hatten. Nach 20 Minuten waren alle um sie herum versammelt (10–15!), und nach einer Stunde spielten sie im Park oder auf der Straße und in den Hinterhöfen der Häuser der »tonari« Fangen. Jetzt hat sie sich angewöhnt, wenn sie um ein Uhr aus der Schule kommt, ihren Mantel auszuziehen und sofort zu den »tomodachi« hinüberzulaufen. Abends, bei Einbruch der Dunkelheit, kommt sie – ganz schmutzig und ausgehungert – nach Hause zurück und schläft wie ein Murmeltier – mittlerweile allein in einem großen Bett im Zimmer neben unserem und Yuki-chan in einem kleinen Bett neben ihr.

Zu meiner großen Verzweiflung wachen alle beide morgens um 6 auf. Wenn Obasan dann um 7 kommt, schlafe ich noch ein wenig.

In Rancima wollte D. laufen »weit, ganz weit, itarì no ho made«. D. zu einem etwa 8jährigen Freund: »Letztes Jahr habe ich mich gestorben« (wer weiß, was sie damit meinte?). Und daraufhin er: »Ach was, du spinnst ja, letztes Jahr bist du doch erst geboren!«

Und weiter heißt es zum Thema »lustige Unterhaltungen«: *D.: Mama (auf japanisch), du kannst gut Italienisch, Englisch und Französisch sprechen, aber Japanisch sprichst du ganz komisch – du mußt mich fragen, wie das richtig heißt!*

Oder: *Nach der Party zu ihrem Geburtstag frage ich*

D., welches Kind ihr am besten gefallen hat. Rudy (Fachtman), antwortet sie, weil er so gern kämpft (und wir hatten vorher befürchtet, daß die beiden sich während ihres »Kampfes« allen Ernstes prügeln würden!).

Februar 1941: *»Mama, wir dürfen nicht zu viele Sachen mit auf das Itarì nehmen, sonst ist der Dampf zu schwer, und es geht ganz, ganz unter, und dann ertränkt alles. Und wenn Yuki-chan sich dann bewegt, bin ich die Nesan und halte sie fest, damit sie nicht ins Meer fällt und stirbt. Du denkst doch dran, nicht?«*

3. August. […] Papa fährt öfter mit Dacina hinaus zum Baden – sie sitzt dann in einem Kindersitz, der auf dem Fahrrad befestigt ist. D. überglücklich. D. ist ganz in ihrem Element, wenn sie Dinge machen kann, die »abunai« sind, da ist sie genau wie ihr Papa.

Abunai bedeutet verboten, schwierig. Kurz gesagt: eine richtige Draufgängerin. Ich erinnere mich an die Zeit in Bagheria, einige Jahre später, als ich auf das Fahrrad meines Vaters stieg und damit die unbefestigten steilen Wege hinunterbrauste. Da der Sattel für mich zu hoch war, hatte ich einfach ein Bein unter die Querstange geschoben und trat so in die Pedale. Ich stürzte unzählige Male, schürfte mir die Knie auf, verletzte mich, aber das hielt mich nicht davon ab, weiterhin die Hänge hinunterzurasen auf einem Fahrrad, dessen Bremsen nur hin und wieder funktionierten.

An den Sommertagen stürzte ich mich kopfüber von einem vorspringenden Felsen in das hoch aufspritzende Wasser – immer mit dem Risiko, mir sämtliche Glieder zu zerschmettern. Es galt, den richtigen Moment abzupassen, wenn die Welle, anstatt sich dir entgegenzustellen, dich in sich aufnimmt. Wehe, wenn man in dem Augenblick Angst hatte!

Um Kirschen oder Johannisbrot zu pflücken, kletterte ich auf die höchsten Bäume und forderte die Vögel heraus, und auch dabei – wie alt und morsch die Äste auch waren, auf die ich geriet – bin ich nicht ein einziges Mal hinuntergefallen oder habe mir ernstlich weh getan. Und ganz zu schweigen von dem Spiel, mit dem wir, Yuki, Toni und ich, uns mit unseren kleinen japanischen Freunden die Zeit vertrieben: warten, bis ein Auto angefahren kommt, und kurz bevor es einen erfassen könnte, über die Straße rennen. Derjenige, der die gegenüberliegende Straßenseite in dem Moment erreichte, in dem das Auto ihm am nächsten war, hatte gewonnen. Der Fahrer bremste erschrocken und setzte dann unter empörtem Hupen seinen Weg fort.

Wie hübsch die beiden, lautet der Kommentar meiner Mutter zu einem Foto, auf dem Papa in der Badehose hoch oben auf einem Felsen sitzt und ich – im weiten Röckchen, einen runden Strohhut auf dem Kopf – neben ihm stehe. Ob in diesem »hübsch« ein Gefühl des Ausgeschlossenseins lag? Jedenfalls hätte sie es mit Recht haben können, denn das waren genau die Jahre meiner großen Verliebtheit in den Vater, den Triton, den unverbesserlichen Verführer, den Herzensbrecher, den Peter Pan, der am

Abend durch das Fenster davonflog in unbekannte Länder voller intensiver Gerüche und greller Farben. »Papa, wann kommst du zurück?« – »Bald, Dacina, bald.« Und dieses »bald« war wie ein Nie. Denn es löste das schwierige Gefühl des Wartens aus, und Wartezeiten sind, wie man weiß, Schlangen, die sich durch unseren betäubten Geist winden.

11. August bis 19. Aug. in einer kleinen Berghütte auf dem Hiei, aber die ganze Zeit nur Regen – fast zu kalt und ungemütlich für die Kinder. Zurück in der Stadt: schreckliche Hitze, Y. hat Husten.

Mein Vater verhehlte nie seinen Abscheu vor jeglicher Art von Bequemlichkeit, die er für eine Eigenschaft der »Herrschaften mit Hut« hielt. Ein integrer Mensch sucht nicht nach Wohlstand und unnützem Luxus, sondern schläft auf einer harten Unterlage, in einem Zelt, auf dem Gipfel eines Berges, ernährt sich einfach und beklagt sich niemals. So hatte sich auch das mutige kleine Mädchen zu verhalten, das er liebte: als Komplizin eines strengen, mönchischen Lebensideals. Geld zählt nicht, Besitz zählt nicht, Gesellschaftsklatsch erst recht nicht. Was zählt, ist einzig und allein die Harmonie unserer Beziehung zu den Dingen: Fisch unter Fischen, Vogel unter Vögeln; der unabhängige Körper muß bereit sein, den Spuren eines laizistischen, natürlichen Lebens zu folgen, die zu innerer Gelassenheit führen.

Papa und Dacia spielen für gewöhnlich zusammen.

Wir befinden uns auf einem breiten Holzbrett,

das auf den Wellen eines Sees schaukelt. Genau dafür liebte ich ihn so: daß ihm – im Gegensatz zu meiner Mutter – alles Dramatisieren fremd war. Für sein heiteres, unbefangenes, draufgängerisches Dasein, das mit Sicherheit und Natürlichkeit, Mut und Abenteuergeist gekoppelt war. Was konnte man anderes tun, als diesen gutaussehenden jungen Mann zu bewundern, der über das Lebensseil läuft und dabei ab und zu ins Wanken gerät, ohne auf die Abgründe zu achten, die sich unter ihm auftun, ohne Angst, abzurutschen oder das Gleichgewicht zu verlieren? Er war imstande, auf diesem Seil zu essen, zu trinken, zu schlafen und ein absurdes Gedicht über den Liebreiz von Tanten zu verfassen: »Oh zie, oh dolci zie in bardocheta / voltatevi col glostro ricamato / scendete per le scale a beta beta / dai màberi del tempo agglutinato! Chissà laggiù se ancora la sbidiera / gramigna lentamente a catalanghi / nell'ufe coccia a coccia della sera. / Or più non usa uscire sugli sbaghi / guardando avanti a sé con aria altera / tra i sugheri, gli ascostoli, gli snaghi …«

Der Krieg war bereits ausgebrochen und forderte Opfer in ganz Europa, aber bis in unseren kleinen häuslichen Garten waren die Stimmen der Zwietracht und der Gewalt noch nicht vorgedrungen. Man könnte sagen, familiäres Glück nährt sich am liebsten von sich selbst und errichtet Mauern um sein eigenes Wohlbefinden.

Ich liebte, erwartete und suchte jenen Peter Pan, der mein Vater war und mit dem ich so gern die Welt erforschte. Er war ein Stammeshäuptling, immer in

Aufbruchstimmung, bereit, neue Flüsse zu entdekken, neue steile Felsen zu erklimmen, neue Wälder zu erkunden, neue Wüsten zu durchqueren. Ohne Kompaß, ohne Wasser. Nur mit einem kleinen Rucksack, in dem sich nichts weiter befand als ein winziger Apfel, den wir uns teilen mußten, Steigeisen, ein Seil, ein Fernglas und ein Buch.

7.–17. September: Mama und Papa in Tokio. Die Kinder bleiben in Kyoto. Von Tokio aus häufig angerufen. Yuki am Telefon: mocci mocci, natta oidé, né? Und Dacina versichert, sie sei ganz brav, und wir sollten ihr auch ja ein Geschenk mitbringen!

Die Kultur des Schenkens hatte ihre Opfer gefordert … Noch immer gelingt es mir nicht, mich der Logik des Spendens zu entziehen, um die geheimnisvollen Gemüter Unbekannter zu besänftigen.

Yuki wird krank, in der Nacht hohes Fieber – Atemnot. Große Angst, es könnte Diphtherie sein, ist es aber nicht. 40,2 Fieber, Angina. Am 22. ist sie wieder wohlauf.

Seltsam, diese zwanghafte Angst vor Diphtherie. Die uns dann später tatsächlich heimsuchte, allerdings als wir schon wieder in Italien, in Bagheria, waren. Ich erinnere mich noch genau, wie meine Mutter ständig mit Tellern voll Brei, die mit einem Netz zugedeckt waren, hin und her lief. Meine Schwester Toni und ich konnten sie nur von einem Fenster aus beobachten. Es war uns streng untersagt, das Zimmer im Erdgeschoß der Villa Valguarnera zu betreten, wo Yuki kalkweiß und allein in einem kleinen Feldbett lag. Wir waren gerade erst aus Japan zurückgekommen. Noch abgemagert und geschwächt von der Haft. Eines Tages klagte Yuki, ihr tue der Hals weh. Zum Glück hatte meine Mutter schon seit langem der Diphtherie einen erbitterten Kampf angesagt. Sie hatte die Krankheit derart verflucht, daß diese schließlich Einlaß begehrte, aber sie hatte sie unverzüglich noch an der Schwelle des Hauses aufgehalten: »Du kommst mir hier nicht rein!« Obwohl die schwächste unter den Schwestern bereits infiziert war, sollten unter keinen Umständen auch noch die beiden anderen davon befallen werden. Unter völliger Mißachtung der Seuche krempelte meine Mutter die Ärmel hoch und ging im Zimmer der Kranken ein und aus, wobei sie selbst auf das Kindermädchen verzichtete, das sie dabei gern unterstützt hätte. Sie fürchtete sich nicht vor dem Übel und kämpfte wie eine Löwin, um ihre Zweitgeborene dem Tod zu entreißen.

Und tatsächlich hat sie es am Ende geschafft. Mit Medikamenten, Zitronen, desinfiziertem warmem Wasser und viel Zuwendung. Die Diphtherie machte sich mit eingezogenem Schwanz davon und ließ sich nicht mehr blicken. Auch wenn meine Mutter uns ab und zu in den Rachen sah auf der Suche nach diesen weißen Belägen, die sie wie die Pest fürchtete. »Laßt mich mal sehen, macht den Mund auf«, und wir standen da wie drei Vögelchen, die auf den mütterlichen Schnabel warten.

Genau wie die Vögelchen, vielleicht Spatzen, die ich aus Ton zu formen versuchte, als ich im Internat in

Florenz war. Ich weiß nicht, wie es dazu kam, jedenfalls wurde ich beschuldigt, einer Schulkameradin eine Kugel Ton gestohlen zu haben. Eine völlig ungerechte Beschuldigung, die mich wie ein Peitschenhieb mitten ins Gesicht traf und deren Schmerz ich niemals vergessen habe. Niemand hatte je zu uns gesagt: »Ihr dürft nicht stehlen!« Das war für uns die natürlichste Sache der Welt. Es handelte sich dabei nicht um ein von oben verordnetes Gebot, sondern um eine Selbstverständlichkeit, die Teil unseres alltäglichen Lebens war. Und diese Beschuldigung hatte mich schwer erschüttert. Wie konnten sie nur annehmen, ich hätte Ton gestohlen?

Als ich einmal ein Theaterstück in Centocelle inszenierte, sah ich, wie ein junger Schauspieler einen Haufen sehr teurer neuer Bücher auf dem Fußboden ausbreitete. »Ich möchte nicht wissen, wieviel du dafür bezahlt hast!« lautete mein Kommentar. »Gar nichts«, entgegnete er scheinbar gleichgültig, »ich habe sie aus der Buchhandlung mitgehen lassen, ohne zu zahlen.« – »Hast du sie etwa gestohlen?« »Nein, es war nur eine proletarische Enteignung. Wir sind doch Proletarier, oder etwa nicht?« Diese Auffassung teilte ich ganz und gar nicht. Er war der Sohn eines Rechtsanwalts, und auch wenn er nur ein kleines Zimmer im Souterrain bewohnte, weil er kein Geld von seinem Vater bekam, so war er dennoch ein junger Mann aus gutem Hause, dem es an nichts gefehlt hatte.

Aber gab einem die Ideologie tatsächlich das Recht, die Regeln, mit denen man aufgewachsen war, in ihr Gegenteil zu verkehren? Autorisierte einen der Glaube an eine radikale Veränderung der Welt dazu, aus dem Vertrag auszusteigen, den man mit seinen Zeitgenossen, mit seinen Mitbürgern geschlossen hatte? Darüber zerbrach ich mir den Kopf. Zwar wollte ich an der Euphorie des Wandels voll und ganz teilhaben: an den großen Projekten für eine Zukunft, die den Ungerechtigkeiten, der Gewalt, die eine Klasse auf die andere ausübte, ein für allemal ein Ende bereiten würde. Aber gleichzeitig fiel es mir schwer, mit den Grundregeln zu brechen, auf die ich mein ruhiges Gewissen gegründet hatte: nicht stehlen, nicht töten, nicht lügen. Statt dessen schien mit den Achtundsechzigern plötzlich alles möglich und umkehrbar zu sein. Stehlen war ein Recht, Töten ebenfalls, vorausgesetzt, man tat es um der Gerechtigkeit willen. Auch wenn dieses letztgenannte Recht von niemandem, der mir bekannt war, in die Tat umgesetzt wurde, kursierte die Vorstellung, daß es statthaft sei, einem Unschuldigen Fußtritte zu verpassen, ihm Finger abzuschneiden, ihn fast zu Tode zu prügeln oder einem anderen, der nicht deiner Meinung war, in die Beine zu schießen: eine neue Moral für eine neue Weltanschauung. Ich stand furchtbare Angst aus. Zum Glück. In mir gab es seit jeher einen gewissen Widerstand gegenüber allem Fanatismus, egal, um welchen Glauben es sich handelte. Und ich vermute, daß diese Ablehnung mich davor bewahrt hat, mich mit meinen Altersgenossen, denen der Sinn nach Bürgerkrieg stand, ins Getümmel zu werfen.

24. September 1941. Yuki-chan ist zum ersten Mal zum Yochien gegangen. D. ist ganz mütterlich zu ihr. Alle sind verwundert und gerührt. D. ist wirklich ein kluges Mädchen geworden und so vernünftig und einsichtig – man könnte sagen älter.

Ich weiß nicht, wie es zu diesem Urteil kam. Vielleicht spiegelte sich darin ja lediglich die Vernunft meiner Mutter? Auf einem Foto aus jener Zeit erkennt man intuitiv die Szenerie, die wir uns aufgebaut hatten, um unserer Besonnenheit Ausdruck zu geben: eine große, typisch japanische Verandatür, die in den Garten hinausführt, ein kleiner Korbtisch, ein gepolsterter Sessel. Meine kluge junge Mutter sitzt in einem dunklen Kleid mit hellen Punkten, die Haare im Nacken zusammengebunden, auf einem Korbstuhl und hat die Füße unter das Tischchen gestellt. Ihr Gesichtsausdruck ist ernst und konzentriert, und sie ist mit einer Arbeit beschäftigt, bei der man nicht genau weiß, worum es sich handelt: Ist sie dabei, Päckchen in eine größere Schachtel zu tun, oder hantiert sie mit Eßwaren und Teetassen? Auf dem Boden liegt ein aufgeschlagenes Buch, das darauf wartet, wieder in die Hand genommen zu werden. Gegenüber sehen wir das »einsichtige« kleine Mädchen, das der Mutter beim Tischdecken hilft. Es ist ganz hell gekleidet, trägt flache Schühchen, kurzgeschnittenes Haar und sieht nachdenklich aus: Welchen Gegenstand soll ich zuerst vom Tisch nehmen?

Über die rätselhaften Wege der literarischen Erinnerung führt mich dieses Foto zu Murasaki

Shikibu, so wie ich sie mir immer vorgestellt habe: mit einem Pinsel auf ein großes Blatt aus Reispapier schreibend. Ihr Roman war vielleicht der vollständigste und gelungenste Beitrag zum Verständnis Japans. Natürlich a posteriori, nachdem ich lange genug seine feuchten Lüfte eingeatmet und tausendmal seine duftenden Tees getrunken hatte. Wie könnte ich jemals die erhellende Erzählung über den Prinzen Genji vergessen: ein verführerischer junger Mann, in den man sich verlieben mußte, wenn man ihn nur ansah. Der freundliche schlanke Jüngling, dem die Kurtisanen – auf weitläufigen Terrassen sitzend, vor denen sich niedrige Holzhäuser erstrekken – hinter den Bastvorhängen nachspähten.

Die Geschichte dieser vortrefflichen japanischen Schriftstellerin ist ganz besonderer Art: Im Jahre 1000 schrieben die Literaten in Japan nur chinesisch, denn das war die Sprache der Gelehrten, Dichter und Philosophen. Das Japanische, vergleichbar mit unserer Vulgärsprache, war den Frauen und Dienstboten vorbehalten. Und Murasaki Shikibu, eine kleine Hofdame mit beweglichem Geist und aufmerksamem Blick, hat die Sprache der Untergebenen geadelt, indem sie den schönsten Roman verfaßte, den die japanische Literatur je hervorgebracht hat.

Fremde Länder lernt man vor allem durch die Romane kennen, davon bin ich überzeugt. Sie führen dich Schritt für Schritt in geheime Zimmer und Korridore ferner Häuser in unbekannten Städten. Sie legen dir den Geschmack nie gekosteter Speisen auf die Zunge, lassen dich die gewölbten Muskeln freundlich wie feindlich gesinnter Körper mit der Hand fühlen, sie entzücken dich mit dem Gesang einer Amme oder mit der sinnlichen Weichheit eines nachmittäglichen Schlummers.

Wieviel Erlesenes und Mysteriöses ich allein durch die zauberische Distanz von Kawabata kennengelernt habe, durch die erotischen Komplikationen von Tanizaki, die verzweifelten Heldentaten von Mishima, die traurigen Zärtlichkeiten von Inoue, die geheimen Visionen von Hayashi Fumiko.

Was meine Neigung betrifft, bei den Schwestern die Mama zu spielen, so wiederholte ich lediglich die liebevollen Gesten meiner Mutter. Wieder einmal war das Vorbild wesentlich für die Entwicklung zu einer »klugen kleinen Frau«. Ungeachtet der Gefahr, daß diese Klugheit auch zu einer Falle werden konnte, die plötzlich zuschnappt. Ich weiß nicht, inwieweit das auf mich zutraf. Gewiß kann jedes Vorbild sich in ein zu enges Kleid verwandeln, wenn die Glieder länger und kräftiger werden. Aber aufgetrennt, geweitet, mit Flicken versehen oder ohne, trage ich es bis heute, und ich habe mich daran gewöhnt.

Ein künstlicher kleiner See in der Nähe von Kyoto, Wasser eiskalt und tief, schreibt meine Mutter. Inmitten konzentrischer Kreise sieht man meinen geliebten Vater, von dem nur der Kopf aus dem trüben Wasser herausguckt. An seine Schultern geklammert, die Ärmchen um seinen Hals geschlungen, befindet sich ein blondes kleines Mädchen mit ernstem

Gesicht. Ein Fröschlein, das dem großen Froschvater auf den Rücken geklettert ist. Der erwachsene Körper schleppt den kindlichen durch die Strudel hindurch und bringt ihn ans rettende Ufer. Aus all unseren Abenteuern sind wir beide jedesmal staunend und unversehrt herausgekommen. War es nicht ein Wunder der Liebe, die ein Vater für seine kleine Tochter und die kleine Tochter für ihren jugendlichen Vater empfand?

Wir hätten stürzen, uns den Kopf einschlagen oder sonstwie verletzen können: bei unseren rasanten Fahrten auf seinem silbrigen Motorrad, auf unseren Kletterpartien über steile Felsen, während unserer Abstiege auf steinigen, abschüssigen Pfaden am Rande einer Schlucht, beim Tauchen mit auf den Rücken geschnallten Sauerstoffflaschen, auf unseren Fahrradtouren über holprige Feldwege. Aber das ist nie passiert. Seine Unbekümmertheit schien uns besser zu beschützen als jeder Schutzengel. Wir stürzten uns in jedes erdenkliche Abenteuer. Nichts und niemand konnte uns aufhalten. Am allerwenigsten die Vorsicht. »Ein Vater und eine Tochter, da kommen sie.« Sie wechselten so gut wie kein Wort miteinander. Aber sie standen Seite an Seite, wenn es galt, ein Zelt auf einem windumtosten Gelände aufzuschlagen, umklammerten sich, um den reißenden Strömungen eines Flusses zu trotzen, saßen sich unter einem provisorischen Schutzdach gegenüber und verschlangen ein Stück Brot mit Käse, wenn sie auf einer ihrer Unternehmungen, die gefährlicher und aufregender war als alle bisherigen, von einem unvorhergesehenen Platzregen überrascht wurden. Stets auf der Suche nach etwas, das schwer zu finden ist, wie der Schatzweg, das Ufer der Hoffnung, die Wiese der Stille, das Schiff des Glücks.

Hin und wieder bemerkte ich, daß mein Vater mich wie einen Jungen behandelte, indem er die Schwächen und die Rhythmen eines im Wachstum begriffenen weiblichen Körpers einfach vergaß. Da ihm der Sohn, den er sich gewünscht hatte, versagt blieb, glaubte er möglicherweise, mich zu einem Gefährten seiner Abenteuer machen zu können. Meinerseits setzte ich alles daran, ihn unter keinen Umständen zu enttäuschen. Egal, ob Junge oder Mädchen, ich mußte ihm zeigen, daß ich den Erwartungen entsprach, die er in mich gesetzt hatte. Und so biß ich die Zähne zusammen und kletterte, selbst wenn ich erschöpft war, über Stock und Stein, wanderte Kilometer um Kilometer, ohne ein einziges Mal schlappzumachen, stürzte mich ohne einen Muckser in die eisigen Fluten der Flüsse, obwohl ich nicht schwimmen konnte. Seine Erziehung bestand darin, mich auf spartanische Weise zur Selbständigkeit anzuspornen. Ich werfe dich ins Wasser, und du schwimmst gefälligst!

Und tatsächlich habe ich ohne Unterricht, ohne Training schwimmen gelernt, rein aus überlebenstaktischen Gründen. Selbstverständlich wäre er mir zu Hilfe geeilt, sobald ich angefangen hätte, Wasser zu schlucken. Er wollte natürlich keinesfalls, daß ich ertrinke. Aber er hielt unerschütterlich an dem Glauben fest, daß Schwierigkeiten erfinderisch machen. Und ich muß zugeben, daß meinem »Einfallsreichtum in Überlebensfragen« keine Grenzen gesetzt waren. Ich habe meine Lektion gelernt.

Die großen, riskanten Touren waren etwas, das nur meinen Vater und mich verband. Mama blieb zu Hause und achtete auf ihren ehrfurchterweckenden kleinen Bauch, der bald die dritte Schwester hervorbringen sollte. Die zweitälteste, Yuki, war häufig krank, und meine Mutter versorgte sie mit der üblichen beharrlichen Hingabe.

So waren wir bei unseren Forschungs- und Pioniertätigkeiten ganz auf uns allein gestellt. Die Impulse dazu hatte mein Vater, wie ich glaube, von Großmutter Yoi erhalten, die, schön und jung wie sie war, nicht einen Augenblick zögerte, ihren Ehemann und zwei Kinder zu verlassen, um sich allein auf die Reise ins Abenteuer zu begeben. Eine unruhige, einsame, mutige Frau, die mein Vater vergötterte. Wohingegen er mit Großvater Antonio ständig aneinandergeriet, der an seine Vernunft appellierte, ihm Beständigkeit, einen einträglichen Beruf und politische Anpassung anempfahl. Nicht ohne Grund schenkte er meinem Vater zur Hochzeit einen Mitgliedsausweis der faschistischen Partei. Und mein Vater zerriß diesen Ausweis in tausend Stücke. Danach haben sie fünfzehn Jahre lang kein Wort mehr gewechselt.

Diese Geschichte erinnert an eine andere, die Natalia Ginzburg so anschaulich in ihrem wunderbaren Buch über die Familie Manzoni erzählt. Alessandros Mutter, Giulia Beccaria, hatte ihren strengen, langweiligen Ehemann Pietro verlassen und war mit Carlo Imbonati nach Paris gegangen. Ihren kleinen Sohn, den ihr Mann ihr nicht anvertrauen wollte, ließ sie nicht ohne Schmerz zurück. Jahrelang durfte das Kind Alessandro den Namen der Mutter nicht mehr in den Mund nehmen. »Wenn du die Volljährigkeit erlangt hast, entscheidest du, ob du sie sehen willst oder nicht…« Und in der Tat, sobald der junge Alessandro das zwanzigste Lebensjahr erreicht hatte, reiste er nach Paris. Dort fand er eine wunderschöne, intelligente, geistreiche junge Frau vor und beschloß, bei ihr zu leben. Später nahm er sie mit nach Mailand und ließ sie bis zu ihrem Tod nicht mehr aus den Augen.

Mein Vater hätte gern etwas Ähnliches getan. Aber der Krieg hinderte ihn daran. Jener Krieg, der unter der Asche unserer Abenteuer zu Lande und zu Wasser schwelte, unter unserer schönen sorglosen Beziehung.

Ein anderes Foto zeigt uns in der Nähe des Flusses Asahigawa. Man schreibt den 10. September 1941. In jenem Jahr fiel das nationalsozialistische Deutschland in Bulgarien, Jugoslawien und Griechenland ein. Im Dezember bombardiert unser geliebtes Gastland Pearl Harbor. Die Vereinigten Staaten und Großbritannien erklären daraufhin Japan den Krieg.

Das Land der aufgehenden Sonne, das auf seiner politischen Großmachtstellung beharrt und sich von den mittlerweile immer häufiger werdenden Niederlagen nicht erschüttern läßt, besetzt Thailand, überfällt die Philippinen und Malaysia, erobert Hongkong und seinen internationalen Hafen. Hitler arbeitet unterdessen systematisch auf die »Endlösung« hin.

Ist es möglich, daß von diesem ganzen Pandämonium nichts zu der kleinen Familie Maraini durchgedrungen ist? Befanden wir uns wirklich in einer so glücklichen Lage, daß wir gegen diese Feindseligkeiten völlig immun waren? Oder hatte meine Mutter den eisernen Willen, uns um jeden Preis aus dieser schmutzigen Geschichte herauszuhalten?

Ich habe sie darüber befragt, und sie hat mir geantwortet, daß damals in Kyoto eine ganz unfreie Atmosphäre herrschte: »Man konnte über nichts Politisches sprechen, es gab eine Zensur für jede Art von Meinungsäußerung, und die Italiener standen unter ständiger Beobachtung.« Sicher ist, daß wir uns dem Stillschweigen eines angespannten Friedens unmittelbar vor dem Krieg mit freundlicher Bereitwilligkeit fügten. Es gab keine Anzeichen von Nervosität und übertriebenen Zukunftsängsten. Wahrscheinlich haben meine Eltern auch untereinander diskutiert, ohne daß ich etwas davon mitbekam, weil sie mich nicht beunruhigen wollten.

Es sollte noch zwei Jahre dauern, bis der Spuk ein brutales Ende fand. Bevor sie kamen und uns abholten, um uns zusammen mit zehn weiteren Personen ins Konzentrationslager von Nagoya zu bringen: die einzigen nichtmilitärischen Italiener in ganz Japan, die sich geweigert hatten, für die Republik von Salò zu stimmen.

Während Yuki-chan auf den hübschen weichen Futons im Hause Shimizu schläft, machen Papa, Mama und Dacia mit den Freunden Shimizu einen Ausflug aufs Land, essen köstliche Melonen, fangen Libellen und nehmen schließlich ein herrliches Bad im nahe der Farm gelegenen Fluß – ein herrlicher Tag mit warmer Sonne und fast reifem Reis.

Zu Beginn des Jahres 1942 fällt Japan in Birma ein, und Singapur kapituliert. Vor gar nicht langer Zeit habe ich einen Dokumentarfilm über die Einnahme Singapurs durch die Japaner gesehen: einfach entsetzlich aufgrund der systematischen Folterungen, Vergewaltigungen und Gewalttätigkeiten gegen Zivilisten. Vielleicht gerade weil sie den Atem der Niederlage bereits im Nacken spürten, gingen sie noch grausamer und erbarmungsloser vor. Oder vielleicht auch, weil der Krieg, der mittlerweile seit drei Jahren in vollem Gange war, die reinsten Bestien aus ihnen gemacht hatte. Tausende von Menschen kamen um, darunter auch japanische Soldaten.

Ich muß unweigerlich an die wunderbare Episode aus einem Film von Kurosawa denken, wo es einem Offizier einfach nicht gelingt, sich von seinen Soldaten zu befreien, die ihm in ihrem ganzen äußeren Elend überallhin folgen: mit schmutzigen Verbänden an den Beinen, Schuhen, die von den vielen Märschen ausgetreten sind, dem Tornister auf den knochigen Schultern, der mit Töpfen und Blechdosen beladen ist. Der Offizier dreht sich um und schreit sie an: »Es reicht jetzt, der Krieg ist zu Ende, geht nach Hause, kehrt heim!« Die Soldaten schauen ihn einen Moment lang verloren an und laufen dann weiter hinter ihm her, als wäre nichts geschehen.

Bei näherem Hinsehen erkennt man, daß sie merkwürdige, verstörte Gesichter haben, sie sind kalkweiß, und ihre Augen scheinen blind zu sein. Als sie zum x-tenmal aufgefordert werden, nach

Hause zurückzukehren, bleiben sie einen Augenblick gehorsam stehen, humpeln dann aber erneut hinter ihrem Kommandeur her – ein Bild des Jammers –, als kennten sie, selbst wenn sie wollten, keine anderen Wege. Und erst jetzt stellen wir mit Grauen fest, daß sie alle tot sind.

Unterdessen wird die Liste der Krankheiten immer länger.

D.: 20. Juni – Ohrenschmerzen rechts. Kein Fieber.

3. Juli. 38,8 – Ohrenschmerzen rechts, am nächsten Tag 37,2.

Ende Juli – leichte Ruhr – Biogermina – ausgezeichnet.

Anfang Sept. Schnupfen – Husten, kein Fieber. Kodein.

9. Sept. abends Ohrenschmerzen rechts.

12. Okt. Fieber – Schmerzen am rechten Ohr und an den Mandeln + Husten.

13. Okt. bis 22. hohes Fieber, 39–40 in Abständen, Mandelentzündung (Arzt gibt Chininspritze).

1.–2. November – 38 – Ohrenschmerzen links, da bis spätabends draußen gespielt! [...]

3. Nov. Alles wieder in Ordnung.

Yuki

21. Juli: leicht erhöhte Temperatur – quengelig – appetitlos. Zahnfleisch gerötet und geschwollen. Nachts 2 obere Vorderzähne durchgebrochen.

22. Juli: leichte Diät – Milch, Toast, Reiswasser – Mikansaft (2 Bonbons!), Temperatur 37 und zweimal Stuhlgang gehabt, nicht besonders gut.

Fieberfrei – fröhlich – kein Stuhlgang

24.: morgens kein Stuhlgang, nachmittags 4mal flüssig, fieberfrei – abends (gelb, klumpig) 37,9.

25. – einmal Stuhlgang, etwas grünlich, klumpig. Um 4 Uhr ins Krankenhaus gebracht, Prof. Nagai. Diät: Reiswasser und Milch (halb und halb) + 2 geriebene rohe Äpfel + Medikamente (Pepsin etc.), 37,2, weinerlich.

26. – 37 – 2mal Stuhlgang, gelb, klumpig. Besser gestimmt, aber schwächlich und abgemagert.

26. Mitternacht – Nach vielem Schwitzen Temperatur 35,6 – kalte Hände, blaß, gejammert – große Angst – bestimmt zuviel Medikamente (Baka!). In Decken gewickelt, nach einer Weile wieder Farbe bekommen!

27. – 2mal Stuhlgang, morgens und abends gegen 8, gelb, schaumig – so wie gestern (keine Medikamente gegeben) – ganz wohlauf – übliche Diät – Temperatur 36,4.

28. frühmorgens Stuhlgang gleich schlecht. Diät verändert (meine Erfindung).

1. Mahlzeit: Reiswasser (eine Prise Biogermina)

2. Mahlzeit: 50 g Joghurt mit 3 Teelöffeln Zucker und 3 leichte Kekse. 3. und 4. Mahlzeit wie oben 1. und 2.

Abends kein Stuhlgang, keine erhöhte Temperatur.

29. – morgens Stuhlgang viel besser. Banzai! Diät weiter wie gestern, besser gestimmt und kräftiger. Aufgestanden.

30./31. – gut. Nach und nach mehr Kekse und Toast.

Die Seiten, die den Schilderungen mit den sich überschlagenden Kriegsereignissen vorausgehen, sind voll von Anmerkungen über unsere Exkremente, über unseren Speichel. Das kindliche Fieber schien etwas sagen zu wollen, vielleicht war es ein Alarmzeichen für das, was geschehen würde. Aber diese Sprache war auch für meine überaus liebevolle Mutter zu kryptisch und mysteriös.

Statt dessen legt sie eine Haarlocke von Yukiko zwischen die Tagebuchseiten. Ist es möglich, daß sie von dem Unheil, das sich über unseren Köpfen zusammenbraute, nichts spürte? Anscheinend war unser kindliches Gedärm beunruhigter als das Bewußtsein unserer beiden geliebten Eltern.

Natürlich konnten sie nicht wissen, daß ausgerechnet in jenen Tagen aus ganz Europa verplombte Züge mit Abertausenden von jüdischen Familien, Männern, Frauen und Kindern, sogar Neugeborenen, auf dem Weg in die schaurigen deutschen und polnischen Lager waren. Damals hatte noch kein Mensch eine Ahnung davon. Und als zwei jüdische Gefangene nach einer dramatischen Flucht aus dem Lager von Auschwitz den britischen Behörden berichteten, was in diesen Zentren der Folter und des Todes vor sich ging, wollten und konnten diese ihnen das nicht abnehmen. Und Papst Pius XII., der fortwährend alarmierende Informationen von seiten deutscher Katholiken erhielt, schenkte ihren Worten keinen Glauben und war nicht gewillt, seine Stimme gegen die Deportationen der Nazis zu erheben.

Heute wissen wir Bescheid: Vor unseren Augen stehen die Bilder der aus dem Zug steigenden Kinder, die noch gut gekleidet, auch noch gut genährt waren, obwohl sie viele Tage ohne Essen und ohne Wasser in einem plombierten Waggon zugebracht hatten. Sie sprangen heraus, glücklich, endlich ins Freie zu kommen, ihren Durst löschen zu können, und sie ahnten nicht, daß man sie unverzüglich umbringen würde. Für Kinder hatte man nämlich in den Munitionsfabriken keine Verwendung, und deshalb galt es, sie schnellstmöglich zu beseitigen. Sie mußten sich ausziehen, manche in Begleitung ihrer Mütter, damit sie sich ruhig verhielten: »Hängt eure Kleider dort an die Haken und merkt euch eure Nummer, dann verliert ihr nachher keine Zeit mit dem Suchen«, empfahl eine SS-Aufseherin freundlich und schob sie dann zum Eingang der Gaskammer.

Erst nach jahrelangem Experimentieren wurde die Wirksamkeit des tödlichen Gases Zyklon B entdeckt. Zunächst hatten sie es mit dem Auspuff von Lastkraftwagen versucht, indem sie die Mündung des nach außen führenden Rohrs nach innen leiteten; auf diese Weise kamen Hunderte ums Leben, aber das System war nicht überzeugend: Der Tod trat zu langsam ein. Die Menschen im Innern des Wagens erbrachen sich, schrien, warfen sich gegen die Seitenwände. Ihre Schreie waren bisweilen noch in weiter Entfernung zu hören und versetzten die anderen Gefangenen in Panik. Man mußte eine andere Methode erfinden. Die Eliminierung hatte auf Himmlers Anweisung unter strengster Geheimhaltung zu erfolgen. Niemand sollte das Schicksal, das ihn erwartete, vorausahnen. Die sicherste und einfachste Lösung war, so die Order aus Berlin, die aus den Ghettos eintreffenden Menschen in Unkenntnis zu lassen: Auf freundliche Weise sollte man sie dazu bringen, so schnell wie möglich in die Gaskammern zu gehen, in der festen Überzeugung, sie gingen zum Duschen. Vor allem mußte verhindert werden, daß sie auch nur ein Wort mit den anderen Gefangenen wechselten. Tatsächlich wußten fast alle im Lager über dieses Ende Bescheid, aber sie schwiegen darüber aus Angst oder vielleicht auch aus einer Art Mitleid mit jenen armen wehrlosen Wesen. Ein Überlebender hat berichtet, daß er einmal eine ihm bekannte Frau in der Schlange vor der Gaskammer stehen sah und ihr unter Lebensgefahr zuraunte: »Paß auf, ihr werdet in den Tod geschickt.« Aber sie glaubte ihm nicht und zeigte ihm die Seife als greifbaren Beweis dafür, daß sie auf dem Weg in die Dusche war.

Die effiziente Organisation der Lager hatte auch mit Massenerschießungen experimentiert. Diese erwiesen sich jedoch als gefährlich, weil derjenige, der wußte, was ihm bevorstand, zu rebellieren oder passiven Widerstand zu leisten versuchte. Die Angehörigen der SS mußten während der ganzen Exekution, bei der sie gezwungen waren, mit angespannten Nerven eine große Anzahl Soldaten an Ort und Stelle in Schießbereitschaft zu halten, auf der Hut sein. Eine Verschwendung von Zeit und Energie. Trotzdem war es ein paarmal vorgekommen, daß die Gefangenen sich widersetzten und einige SS-Leute bei dem Versuch, die Revolte niederzuschlagen, verletzt wurden. Und was sollte man außerdem mit den ganzen Leichenbergen anfangen? Man kam auf die Lösung, die Sträflinge zu zwingen, eine Grube auszuheben, in die ihre Leichen dann wenig später hineingeworfen wurden.

Aber die Gefangenen waren mit ihren Kräften am Ende, und es dauerte stundenlang, bis sie ein Loch gegraben hatten, das tief genug war, um zu verhindern, daß die Hunde kamen und einzelne Leichenteile aus der Erde zerrten.

Die Erfindung des Gases Zyklon B war »ein Segen«, wie später jemand während der Nürnberger Prozesse berichtete. Es ermöglichte die Vernichtung Tausender von Menschen pro Tag in der Stille eines abgeschlossenen, schalldichten Raums mit den bescheidenen Kosten für ein wenig Gas.

Von alldem hatten meine verehrten Eltern, die die Flüsse und Wälder Japans genossen, keine Ahnung. Sie wagten es sogar, ein drittes Kind in die Welt zu setzen. Genauer gesagt, eine dritte Tochter. Weiterhin auf einen Sohn hoffend, der aber leider nicht kommen sollte. Noch ein Mädchen? Was für eine Katastrophe! Meine Mutter zeigte sich ihrem Mann zuliebe betrübt. Aber sie war zufrieden so. Ihr mütterlicher Instinkt kannte keine Enttäuschungen. Zum Glück waren sie hinlänglich informiert, um zu wissen, daß das Geschlecht des ungeborenen Kindes nicht von der Mutter, sondern vom Vater abhängt. Wem sonst also sollte man die Schuld geben, wenn nicht ihm, dem brillanten Professor, der aufgrund von Streitigkeiten mit seinem Vater aus Florenz geflohen und mit seiner jungen Frau nach Japan gegangen war, stets in der Hoffnung auf einen männlichen Nachkommen? Merkwürdig, daß ausgerechnet er, der die Schwierigkeiten einer schmerzlichen Vaterbeziehung am eigenen Leibe erfahren hatte, seinerseits unbedingt Vater eines Sohnes werden wollte. Vielleicht in der Erinnerung an seinen jüngeren Bruder Grato, der als kleiner Junge nicht von seiner Seite wich und den er mit der Nachsicht und dem Beschützerinstinkt eines jugendlichen Vaters behandelte. Grato, der Lange, Grato, der Rothaarige. Er war anders als sein älterer Bruder: scheuer, sanfter, mäßiger, unsicherer. Deshalb folgte er ihm auf Schritt und Tritt. Aber Grato hatte das Glück, immer in Großmutter Yois Nähe zu bleiben. Auch wenn er nie darüber sprach. Aus dem spindeldürren, vernünftigen Jugendlichen war ein wortkarger, stets lächelnder junger Mann geworden. Sein Schweigen galt in der Familie als sprichwörtlich. Er brachte es fertig, dich nach jahrelanger Abwesenheit lediglich mit den Worten zu begrüßen: »Na, Kindchen, was gibt's?«, und damit hatte es sich. Später heiratete er eine gutaussehende Römerin, eine Nachfahrin Napoleons, und bekam eine Tochter (er auch!) mit dem schönen napoleonischen Namen Letizia.

Das dritte Tagebuch endet 1941, in jenem Jahr, das so viel Leid vorausahnen läßt, mit einer aus Italien stammenden Postkarte, einer Fotografie der Piazza Vittorio Emanuele in Florenz. Vermutlich kommt sie von Großmutter Yoi. Wie froh bin ich, daß ich sie nicht tot gesehen habe, so wie es bei Großvater Antonio der Fall war. Lieber stelle ich sie mir aufrecht vor, ganz mager, wie sie zuletzt war, in einem langen Kleid aus orientalischem Stoff, die grauen Haare hochgesteckt und vorn zu einer Rolle frisiert, die ihr locker in die Stirn fiel, die Augen sanft und zart wie Schmetterlinge, um den Mund herum einen altersbedingten leicht bitteren Zug. Wenn man sie nach ihrem Alter fragte, antwortete sie: »Ich weiß es nicht, ich habe aufgehört zu zählen.« Nach den Schilderungen meiner Mutter war sie eine liebenswürdige Frau, die gern Konversation machte.

Das genaue Gegenteil von Großvater Antonio, der das grüblerische Schweigen bevorzugte. Sie, die Engländerin, hatte eine Neigung zu mediterraner Geselligkeit, während er, der Italiener, aus dem britischen Gestein geschaffen zu sein schien, das die nordischen Winde so hart und düster gemacht hatten. Sie blond, er rötlich – die beiden gaben ein hübsches Paar ab. Unsterblich hatte er sich in die Engländerin mit dem makellosen Gesicht verliebt, die zehn Jahre älter war als er, aber viel jünger, was Geist und Phantasie betraf, daß sie es sogar mit dem Zorn der Eltern aufnahm, denen die Vorstellung einer »Geschiedenen« mit Kindern verhaßt war. Eine äußerst elegante Frau mit Stil, die in ihrem Innersten jedoch etwas Unbezähmbares und Wildes hatte. Eine Frau, bei der »kein Ding unmöglich ist«, wie der Großvater mit Bewunderung, aber nicht ohne Sorge von ihr sagte.

Ich stelle sie mir gern vor, wie sie uns mit erhobenem Arm liebevoll zuwinkt, ihren herangewachsenen, in die Jahre gekommenen Enkelinnen und ihrem Sohn, der heute, mittlerweile um einiges älter als sie, sich wie ein alter Bär die steilen Berge der toskanischen Küste hinaufschleppt. Die Liebe zwischen den beiden – das war mir immer klar, ohne daß es mir jemand gesagt hätte – war so tief wie der Brunnen meines Hauses auf dem Lande.

Als ich damals das kleine Grundstück zwischen der Via Flaminia und der Via Cassia kaufte, gab es dort kein fließendes Wasser. Deshalb beauftragte ich Fachleute damit, einen Brunnen anzulegen. Die Arbeiter gruben zunächst ein Loch und bohrten dann bis zu einer Tiefe von zwanzig, dreißig, schließlich sogar sechzig Metern, ohne auf Wasser zu stoßen. »Tut uns leid, Signora, aber hier finden wir keine Ader. Sie müssen wohl auf den Brunnen verzichten. Am besten, wir stellen einen Tank auf, und dann mit dem Regen …« – »Nein, graben Sie noch weiter«, entgegnete ich, wohl wissend, wie teuer mich das zu stehen käme. Und sie haben die Arbeit fortgesetzt. Sie bohrten und bohrten, und nach einer weiteren Woche fanden sie endlich Wasser, hurra!, in einer Tiefe von einhundertfünfzehn Metern.

Es ist ein wunderbarer Anblick, wie die klare Flüssigkeit aus dem Inneren der Erde sprudelt: ein frischer Strahl mit einem intensiven Geschmack, der den Duft von Wurzeln, hartem Gestein, zusammengepreßter Erde, von jahrhundertelang zurückgedrängtem und legiertem Wasser in sich birgt. Wir hatten die Quelle gefunden, und diese würde dank einer leistungsfähigen Pumpe bis ins Haus gelangen und den Geruch soeben aus dem Schlaf erwachter Mineralien an sich behalten.

Und genauso stellte ich mir Yois Liebe für den kleinen Fosco vor. Ich sehe ihn als Kind mit seiner vor ihm knienden Mutter, so wie Großvater Antonio die beiden auf dem Flachrelief einer Stele gemeißelt hat, die sich auf dem Friedhof von Poggio Imperiale in Florenz befindet. Für mich ist dies eindeutig die schönste Skulptur meines Großvaters. Was mir an seinen Werken nie gefallen hat, waren die zu zurückhaltenden, glatten Formen, die etwas laszive Weichheit seiner in Stein gehauenen Frauenfiguren, das Selbstgefällige ihrer Gewänder, die voraussehbare Eleganz der mythologischen Gestalten, die stets in theatralischer, rhetorischer Pose dargestellt waren. Obwohl er eine leichte, glückliche Hand hatte, obwohl er sein Handwerk verstand, war der Bildhauer Antonio Gefangener seiner Virtuosität sowie eines fundamentalen Mangels an Freiheit. Einer Freiheit des Geistes, die er im Grunde seines Herzens seiner Frau zum Vorwurf machte, »der Engländerin, bei der kein Ding unmöglich ist«. Die Frau, die er außer sich selbst mit Furcht und Leidenschaft liebte. Die eine treue und perfekte Ehefrau war, sich aber immer etwas Unberührbares und Unbezähmbares bewahrt hatte, das er nie so hätte kontrollieren können, wie er gewollt hätte.

Die Stele auf dem Grab von Großmutter Yoi, das von einem Geflecht aus Weinreben überwuchert ist, stellt sie neben ihrem Sohn dar. Sie befindet sich in kniender Haltung, um mit dem etwa zweijährigen Kind auf gleicher Höhe zu sein; ihren Kopf bedeckt ein im Nacken zusammengebundenes Tuch, ein langer Rock verhüllt ihre Beine, ihr schlanker Oberkörper ist aufrecht. Sie streckt die Arme nach dem kleinen Sohn aus, der, so läßt sich vermuten, erst seit kurzem auf den Füßen stehen kann, aber das mit Mut und Eigensinn. Neben den Knien der Mutter ist Spielzeug aus Stein verstreut: ein Bär, ein kleiner Handwagen mit deutlich erkennbaren Rädern, Würfel. Großvater Antonio, der dazu neigte, den Stein zu glätten, indem er ihn polierte und ihm dadurch seinen Charakter nahm, hat hier rechtzeitig innegehalten. Einmal hat er zugelassen, daß die Emotion seine Hände in ein erstauntes Zittern versetzten. Er war wohl selbst überrascht und verwundert angesichts des Geheimnisses dieser Liebe. Eine absolute Liebe, die einen Kreis um sich zog, aus dem er ausgeschlossen war. Aber das Wunder war geschehen: Der Meißel des Bildhauers hatte die Zeichen dieses stummen, alles überragenden Gefühls eingeritzt, in seiner schlichten Demut, ohne zu beurteilen oder seine Macht zu mißbrauchen, ohne etwas Neues zu schaffen oder zu interpretieren, nur mit dem leichten, distanzierten Respekt eines Künstlers in Anbetracht des Rätsels einer archaischen und ausschließlichen Verbindung.

Die fünfziger Jahre. Jeden Sonntag verließen Yuki und ich das Internat des Annunziatenordens in Poggio und machten uns Hand in Hand auf den Weg zum Haus von Großvater Antonio. Er empfing uns inmitten seiner Dahlien und der Statuen, die in sinnlichen Posen Frühling und Herbst verkörperten. Kein Kuß, keine Liebkosung, kein Lächeln, sondern sogleich irgendein Tadel: »Wie lehmig eure Schuhe sind!« Oder: »Ich sehe euch an den Gesichtern an, daß ihr die Treppe hochgerannt seid, ihr seht aus wie zwei schmutzige, zerzauste Landarbeiterinnen.« Man wußte nicht, inwieweit er nur griesgrämig scherzte oder ob er es ernst meinte. Ich bin davon überzeugt, daß er Zuneigung für uns empfand, aber seine Ethik verbot ihm, irgendein Gefühl zu zeigen, denn das hätte den Verlust seiner Selbstachtung zur Folge gehabt. Jede Zärtlichkeit, jede Herzlichkeit bedeuteten für ihn, der Sentimentalität und der Gefühlsduselei nachzugeben, die »keinen Pfifferling wert« seien. Er war besessen von der Idee formaler Perfektion, die in engem Zusammenhang mit Erziehung, Disziplin und Opfer stand.

Großmutter Yoi winkt immer noch mit erhobenem Arm. Und ich glaube, ich bedauere es wirklich, daß ich sie bei der Rückkehr aus Japan nicht mehr vorgefunden habe. Mit Sicherheit hätten wir uns gut verstanden. Meine Mutter erzählt, daß sie sehr geistreich war. Und ab und zu, wenn sie den Großvater ansah, sagte sie mit leiser Stimme: »A very fine man«, als wollte sie sich das selbst einreden …

Ich vermute, daß sie ihn in seinem Perfektionswahn für erbarmungslos hielt. Dennoch behandelte sie ihn so, wie er behandelt werden wollte, nämlich mit Respekt und Herzlichkeit, wobei sie den Abstand wahrte, der für den Ehemann Teil einer jeden »anständigen« Beziehung war. Einander in Treue verbunden, haben sie das beständige Bild einer gut aufeinander eingespielten und zufriedenen Familie gewahrt. Sollte es für sie außereheliche Versuchungen gegeben haben, dann hat sie sie gewiß in intellektuellen Begegnungen sublimiert, so wie es mit Berenson war, der in einer Villa nicht weit von den

Tattis entfernt wohnte und die Gespräche mit der schönen Yoi liebte. Sollte Großvater sie betrogen haben, dann handelte es sich wohl eher um kleine Liebeleien mit Dienstmädchen. Diese Ausbrüche der Sinnlichkeit, die ein guter Bürger in aller Heimlichkeit auslebt, und nach Möglichkeit mit einer Person niedrigen Standes, der er selbst in der größten, unbotmäßigsten Intimität wie ein Gott erscheinen kann und die ihm obendrein für »die Ehre« zu danken hat.

1942. Das Tagebuch meiner Mutter ist jetzt stumm. Sie erinnert sich nicht, ob sie noch einige Aufzeichnungen über die tagtäglichen Ereignisse der Jahre 1942 und 1943 gemacht hat, bevor wir ins Lager kamen, wo es gewiß keine Gelegenheit mehr gab, zu schreiben oder zu lesen.

»Vielleicht habe ich mit den Tagebucheintragungen über meine Töchter aufgehört, weil das Klima sich verändert hatte. Man lebte in ständiger Sorge. Die Presse wiederholte die Parolen der Regierung. Und die Leute sagten ›Hitar, tsuyoine‹, Hitler ist stark, nicht wahr? mit einer Mischung aus Bewunderung und Angst.

Wer mit den deutschen und japanischen Invasionen nicht einverstanden war (im März fällt Japan in Niederländisch-Indien ein, die USA bombardieren Tokio und im August die von den Japanern besetzten Salomoninseln; im September beginnt die Schlacht von Stalingrad), wer sie nicht befürwortete, schwieg aus Angst vor drastischen Sanktionen. Ich war der festen Überzeugung, daß Hitler nicht siegen würde, ich weiß nicht, was mir diese Gewißheit gab, aber ich hatte keinen Zweifel. Unsere Situation war sehr heikel: Wir nahmen an einem Austauschprogramm teil – viele japanische und viele italienische Stipendien. Das diplomatische Korps behielt uns im Auge. Es gab einige an der Botschaft, die so dachten wie wir, zum Beispiel der junge Attaché Sforza. Aber nicht einmal er konnte reden.«

Meine Mutter versucht angestrengt, sich an die Stimmung dieser angsterfüllten Jahre zu erinnern, und ihre Stimme klingt mit einemmal gepreßt. »Das Klima unter den Italienern in Japan war im Begriff, sich zu verändern: Alle belauerten sich argwöhnisch. Einige standen dem Faschismus skeptisch gegenüber wie Sforza. Der Botschafter Jannelli hingegen glaubte daran. Ganz stramm stand er da, die Hand zum Gruß ausgestreckt. Während andere anfingen zu zweifeln, wie Cavalchini di San Severino zum Beispiel, der Marineattaché, der sich nicht so recht äußerte, aber wir hatten verstanden, er verabscheute Hitler und die törichte italienische Politik der Republik von Salò, die den Deutschen hörig war und inzwischen all ihre Würde und ihren Stolz verloren hatte.«

»Aber woher bekamt ihr die echten Nachrichten?«

»Wir hörten heimlich Radio. Außerdem erinnere ich mich an ein französisches Paar, das etwas über die Massaker an den Juden in den Vernichtungslagern wußte. Sie flüsterte mir eines Tages zu: ›Hast du gehört, daß sie die Menschen in Öfen verbrennen, nachdem sie sie vergast haben, Frauen und Kinder eingeschlossen?‹ Ich antwortete: ›Das ist doch nicht möglich, von wem hast du das denn?‹ Es kam einem wirklich wie eine Erfindung vor. Ich dachte, es sei eines der vielen schrecklichen Gerüchte, die während des Krieges kursierten. Wer konnte etwas so Ungeheuerliches organisieren wie die systematische Ausrottung eines ganzen Volkes, dessen einziges Vergehen es war, einer anderen Religion anzugehören? Und dennoch war es so. Ich habe keine Ahnung, wie unsere Freunde Baron Fain davon erfuhren.«

Offenbar zirkulierten die Nachrichten, aber es fehlte die Bestätigung von offizieller Seite. Weder die Kirche noch die amerikanische Regierung wollten sich zum Stand der Dinge äußern, bis sich am Ende des Krieges die Fotografen und Kameraleute hinter die Stacheldrahtzäune begaben und einige dem Gemetzel entkommene einsame Gestalten entdeckten, alle nur noch Haut und Knochen, eingehüllt in eine Decke, den zahnlosen Mund zu einem Lächeln verzogen.

Die letzten Monate des Jahres 1942. Nach stundenlanger Quälerei wird meine Schwester Toni geboren, die Nabelschnur dreimal um sich gewickelt. Aus heutiger Sicht erscheint dieses Sichherumwälzen in ihrem Refugium aus Fleisch und Blut wie eine Vorahnung der schrecklichen Ereignisse, die unser Leben in Kürze vollkommen verändern sollten.

»Es sah so aus, als ob meine letzte Tochter sterben müßte und ich mit ihr. Sie drohte zu ersticken und wollte nicht herauskommen. Man hatte mir eine Spritze zur Einleitung der Geburt gegeben, und die Wehen setzten von neuem ein … ein Schmerz, so entsetzlich, daß ich mich nicht beherrschen konnte und laut jammerte … Ich weiß noch, daß die kanadische Nonne, die sich um mich kümmerte, sagte: ›Für das Vergnügen muß man büßen …‹; es war unglaublich, mit welcher Verachtung man einer Gebärenden begegnete. Aber das Krankenhaus war in gutem Zustand, sauber und effizient. Nach mehrstündigen Qualen kam Toni endlich auf die Welt – violett und halb erstickt –, die Nabelschnur fest um den Hals gewickelt. Zum Vernähen bat ich um ein Betäubungsmittel, aber man antwortete mir, man habe alles für die Soldaten an die Front geschickt, und so habe ich noch einmal die Zähne zusammengebissen und die Schmerzen ertragen.

Als Fosco kam, glaubte ich, daß er wegen der dritten Tochter protestieren würde, aber statt dessen freute er sich: Besser drei Mädchen als zwei Mädchen und einen Jungen, meinte er. Und ich war glücklich. Paradoxerweise war Toni, die unter so vielen Schmerzen geboren wurde, ein fröhliches und zufriedenes Baby. Sie weinte nie, und sobald sie konnte, fing sie an, sich überall hochzuhangeln.«

Ich frage meine Mutter, ob es stimmt, daß sie vorhatten, ihrer letztgeborenen Tochter einen japanischen Namen zu geben. »Ja, wir wollten sie Akiko nennen, was Chrysantheme bedeutet, aber der Faschismus erlaubte den Gebrauch ausländischer Namen nicht, und deshalb nannten wir sie schließlich Antonella, woraus dann Toni wurde. Wir fühlten uns nicht imstande, das ganze Hin und Her noch einmal mitzumachen, das Yukis Taufe vorausgegangen war: Als wir damals der Botschaft den Namen des neugeborenen Kindes mitgeteilt hatten, wurden die Papiere nach Italien geschickt, kamen aber mit dem Vermerk zurück, für das Standesamt sei Yuki kein rechtsgültiger Name. Fosco sträubte sich zwar dagegen, er sagte, er sei ein freier Mensch und könne seine Tochter nennen, wie er wolle. Aber das wurde nicht akzeptiert, und Yuki hatte monatelang keinen Namen. Am Ende mußten wir auf Luisa ausweichen, ›auf dem Papier mögen sie recht haben, aber wir nennen sie Yuki‹. Und tatsächlich blieb Luisa ein reiner Behördenname. Für uns war sie immer Yuki.

Als es um Tonis Namen ging, erschien uns diese Frage vielleicht weniger wichtig: Der Krieg machte sich mit immer größerer Gewalt bemerkbar, und Fosco wollte nicht insistieren. Wir nannten sie nach Großvater Antonio. Aber Akiko hätte mir gut gefallen.«

Wer weiß, ob Tonis Leben anders verlaufen wäre, wenn sie Akiko-Chrysantheme geheißen hätte. Bei uns ist die Chrysantheme die Blume der Toten, und ich weiß nicht, ob meine kleine Schwester mit diesem Namen nicht einige symbolische Unannehmlichkeiten gehabt hätte. Gewiß gehörte die Namensgebung zur anthropologischen Strategie meines Vaters: Wer in Japan zur Welt kommt, ist zum Teil japanisch, und der Name sanktioniert eine geographische Realität, die möglicherweise nicht mit der behördlichen Realität übereinstimmt, aber er wird zum Kennzeichen einer kulturellen Zugehörigkeit.

In Japan gilt die Chrysantheme als eine heilige Blume, eine Blume, die Langlebigkeit und die Wärme der Sonne symbolisiert. Ihre Blütenblätter, so wird gesagt, sind wie Sonnenstrahlen angeordnet und ähneln somit dem Gestirn des Lebens. »Oh! In Nara / der Duft der Chrysanthemen / Und die alten Buddhas!« schreibt der Dichter Basho im Jahre 1673. »Außerdem«, erklären Chevalier und Gheerbrant, »erinnert die Chrysantheme, kiku, wegen des Gleichlauts an das Wort kiku-ri, was soviel bedeutet wie das Anhören der Wahrheit; davon ist Kukuri abgeleitet, der Name eines urzeitlichen Kami.«

Für die Chinesen ist die Chrysantheme hingegen eine Herbstblume und steht für die Rast nach der Feldarbeit. Der Philosoph Chu T'un-yi sagt, die Chrysantheme sei »unter allen Blumen diejenige, welche sich verbirgt und die Welt meidet«. Nichts trifft auf meine Schwester Toni mehr zu, als daß sie sich unter den Blättern versteckt wie eine einsame kleine Schnecke, die ihr Haus verloren hat und nicht naß werden will.

Sie schreibt mit kraftvoller Eleganz, aber sie versteckt die Manuskriptblätter, wie Jane Austen es zu ihrer Zeit getan hat, fast so, als machte sie sich der Eitelkeit schuldig. Mit Leidenschaft hat sie sich sowohl dem Schreiben als auch ihrer Mutterrolle gewidmet. Sie hat zwei mittlerweile erwachsene

Töchter, Muja und Nur, von denen die eine Theaterschauspielerin in New York ist und die andere Anthropologie an der Universität in Rom studiert.

Toni setzte instinktiv das väterliche Projekt der anthropologischen Annäherung fort, an Orten, wo Entbehrung und Fröhlichkeit herrschten und die sie sich zu Studienzwecken oder der Liebe wegen ausgesucht hatte. Sie ließ sich in Marokko nieder, heiratete einen eleganten arabischen Maler und lebte viele Jahre in Casablanca, wo sie schrieb und Kunstfestivals organisierte. Ihre Töchter sprechen ebenso gut Arabisch und Französisch wie Italienisch. Anfang 2001 brachte ihre Älteste einen kleinen Jungen zur Welt, Gabriel Fosco, Sohn eines liebenswürdigen, klugen New Yorker Schauspielers irischen Ursprungs, Daniel MacDonald.

»Es war im November 1942. Die japanischen Zeitungen berichteten über die Seeschlacht von Guadalcanal (Insel des Salomonen-Archipels), in der viele blutjunge Soldaten ums Leben kamen. Ich konnte Toni nicht stillen, weil meine Brust keine Milch produzierte. Ich nehme an, wegen dieser schrecklichen Entbindung«, erzählt meine Mutter und setzt das Tagebuch, das sie damals nicht mehr führte, gedanklich fort, indem sie in den turbulenten Erinnerungen ihres kristallklaren Gedächtnisses gräbt.

Das Wort Guadalcanal versetzt mich in ferne, verlorene Tage zurück. Guadalcanal, woran erinnert mich das bloß? Ich lese, daß es sich um eine Seeschlacht zwischen den Japanern und den Amerikanern handelte, und zwar in dem Meeresabschnitt, der die Inseln Florida und Tulagi trennt; eine Schlacht, die vom 11. bis zum 15. November dauerte, genau um die Zeit meines Geburtstags. Die kleinen Kampfflugzeuge sollten den Flughafen zerstören, den die Amerikaner den Japanern im August abgejagt hatten.

Wenn ich die Augen schließe, sehe ich sie vor mir: Sie fliegen tief und langsam, sind plump und finster wie dicke schwangere Enten. Bald sollte ich am Himmel über dem Konzentrationslager von Nagoya ihre Bekanntschaft machen. In ihren Bäuchen befinden sich die Eier, und diese werden jeden Moment herauskommen und ihren roten Dotter über die Köpfe der Menschen speien, sagte ich mir. Diese Eier habe ich wirklich gesehen, deutlich abgehoben vom klaren Himmel: Eins nach dem anderen kam aus dem Bauch heraus und glitt auf die Erde hinunter. Nur, daß die Schalen sich nicht öffneten, um weiches, wohlschmeckendes Eigelb zu ergießen, sondern um kleine Ungeheuer aus Eisen und Feuer auszuspucken, die jedem, der sich in Reichweite befand, tödliche Verletzungen beibrachten. Wie viele Male habe ich die Splitter über unseren Köpfen zischen hören, während wir losrannten, um uns in dem Graben zu verstecken, der uns als Luftschutzraum diente. Das dumpfe Geräusch der Seite an Seite durch die Nacht fliegenden Maschinen habe ich immer noch im Ohr. Es war das Geräusch der Angst.

Aber in jener Nacht des 13. November 1942 lief in Guadalcanal irgend etwas schief für die Enten mit den von eisernen Eiern prallen Bäuchen. Ein schwaches Licht flackerte am Horizont auf. Ein Geschoß näherte sich blitzartig und erfaßte ein Flugzeug, das ins Trudeln geriet und mit einer Rauchsäule auf die Erde stürzte. Man hatte die dreisten Todesenten auf frischer Tat ertappt und ihnen das Genick gebrochen. Es sollte die erste einer ganzen Reihe von Niederlagen sein, die schließlich zur Kapitulation Japans führten.

»Ich hatte keinen Tropfen Milch für die kleine Toni Akiko«, erklärt meine Mutter. »Ich wußte nicht, was ich tun sollte. Doktor Wittemberg riet mir, ihr Kuhmilch zu geben, aber wo sollte ich Kuhmilch hernehmen? Also fing ich an, die ganze Stadt und die Umgebung zu durchforsten, und machte am Ende einen Bauern ausfindig, der auf einer Weide eine trächtige Kuh hielt. Ich erzählte ihm von der Kleinen ohne Milch, und er war so nett und erlaubte mir, seine Kuh zu melken. Im allgemeinen war die japanische Zivilbevölkerung großzügig und gastfreundlich. Nur die Soldaten waren grausam, sadistisch und dumpf-nationalistisch. Unser Kindermädchen Moriokasan zum Beispiel war die einzige von unseren Freunden, die den Mut hatte, uns im Lager zu besuchen; dabei lief sie Gefahr, verhaftet zu werden. Tatsächlich hat man sie auch geschlagen. Und beim zweiten Mal wurde sie gar nicht erst hereingelassen.«

»Moriokasans Ehemann war Soldat und befand sich in Hiroshima, als die Atombombe explodierte. Wie durch ein Wunder hat er überlebt. Ich erinnere mich an seine späteren Schilderungen: Er hielt sich gerade in der Kaserne auf und aß ein wenig Reis mit Zukemono, als er plötzlich einen riesigen Lichtschein sah und alles um ihn herum anfing zu beben; dann herrschte mit einem Mal völlige Dunkelheit, und er verlor das Bewußtsein. Als er einige Minuten später zu sich kam, fand er sich etwa einen Kilometer von der Kaserne entfernt in einem kleinen künstlichen See wieder. Das Eintauchen ins Wasser hatte ihn vor dem großen Feuerwind bewahrt, der von Tausenden seiner Kriegskameraden nur den Abdruck ihres Schattens auf den Steinen zurückließ. Er hat noch ein paar Jahre gelebt, aber dann hat die Strahlung der Bombe ihre Wirkung gezeigt, und er starb an einer Tumorart, die bei den Überlebenden des Atombombenangriffs von Hiroshima sehr häufig auftrat.

›Black rain‹, schwarzer Regen, nannten sie den Niederschlag, der nach der Bombe herunterkam und dem die Bürger, die den über die ganze Stadt verstreuten Verletzten zu Hilfe eilten, schutzlos ausgeliefert waren. Das schwarze Wasser war radioaktiv und hat über viele Jahre hinweg Opfer gefordert. Mit einem langwierigen, ungerechten Tod, der die Menschen inmitten der Euphorie des Wiederaufbaus ereilte, indem er sich auf ihre Gliedmaßen stürzte und an ihnen nagte wie ein gefräßiges, schamloses Maul. Und das alles nur, weil die Amerikaner nicht vor den Gefahren der atomaren Nachwirkungen warnen wollten. Niemand in Japan wußte um die Folgen der Strahlung, die in den Regentropfen enthalten war, die den Himmel nach dem Atompilz reinigten.«

»Weil die Milch zu fett war, verdünnte ich sie mit zwei Dritteln Wasser und gab sie ihr sogar unabgekocht, damit die Vitamine nicht verlorengingen, so hatte Wittemberg mir gesagt. Und mit der Milch der japanischen Kuh gedieh Toni kräftig. Sie wuchs zusehends, lachte und spielte, sie war ein außergewöhnliches Kind. Aber nur ein Jahr später im Konzentrationslager von Nagoya verwandelte sie sich in einen ungezogenen kleinen Quälgeist: Unaufhörlich schrie sie: ›Ich habe Hunger, ich habe Hunger!‹ So lange, bis man mich bat, sie zum Schweigen zu bringen, aber wie? Ich machte mir Sorgen, weil sie keine Zähnchen bekam. Während der ganzen Zeit im Lager wuchs bei ihr kein einziger Zahn. Bei mir blieb die Menstruation aus. Und wir alle waren voller Flöhe, weißt du noch, wie wir uns gegenseitig wie die Affen gelaust haben …? Mit dem einzigen Unterschied, daß wir uns diese widerlichen zerquetschten Biester dann nicht noch in den Mund steckten … auch wenn wir das wegen des großen Hungers am liebsten getan hätten …«, lacht meine goldige Mutter nicht ohne eine gehörige Portion Sarkasmus angesichts dieser ganzen Greuel.

Der Schmutz, das Ungeziefer, all das ist entwürdigend für den Körper und entfacht eine wilde Gier in ihm. Ich erinnere mich noch, wie demütigend ich es fand, wenn diese Würmer einem den Bauch aufblähten und dann austraten anstelle von Kot, der ausblieb, da wir nichts hatten, was wir ausscheiden konnten. Die verdammten Würmer nutzten unsere Schwäche aus, um sich in den Därmen einzunisten und jedes wertvolle Reiskorn, das sie fanden, zu vertilgen. Und ich kann mich noch gut entsinnen, wie sehr wir uns schämten beim Anblick der mit unserem Blut vollgesogenen Flöhe, die morgens in unserem Bett hüpften. Aus mir war eine richtig gute Flohfängerin geworden. Aber so viele ich auch zerdrückte, so viele sprangen erneut aus den Falten der Kleider, aus den Nähten der Wäsche heraus. Meine Mutter konnte jedes Kleidungsstück so oft waschen, wie sie wollte, wir waren ständig von Flöhen geplagt.

Eines Tages starb der Mönch des Klosters, in dem wir wohnten, nachdem man uns von Nagoya nach Tempaku umgesiedelt hatte. Ich sehe ihn noch vor mir, sitzend, an eine Wand gelehnt, das Kinn auf die Brust gestützt. In seinen abgetragenen Kleidern, das Gesicht eingefallen, die kleinen Füße in fleckigen »tabi«, war er aus dem Leben geschieden, ohne daß es jemand bemerkt hatte. Auch wir Kinder glaubten, er sei nur eingeschlafen. Bis die Nichte des Priesters, die freundliche kleine Keiko, plötzlich einen Schrei ausstieß: »Sieh doch mal!« Aus dem Körper des Mannes, aus seinen abgetragenen Kleidern krabbelten in Windeseile Tausende von Wanzen heraus, die sich diszipliniert in Reih und Glied zusammenfanden und blitzschnell in Richtung Tür begaben. Zeichen dafür, daß sein Blut allmählich erkaltete. Zeichen dafür, daß es nichts mehr zu essen gab.

»Vergiß nicht zu erzählen, daß ich nicht ins Konzentrationslager gegangen bin, nur um dem geliebten Mann zu folgen«, sagt meine Mutter, während sie ihre weiße Katze streichelt, mit der sie wie mit einem Kind spricht. »Die japanischen Militärbehörden haben uns beide, Papa und mich, getrennt vorgeladen und uns aufgefordert, für die Republik von Salò zu stimmen. Fosco antwortete: ›Als Offizier der Gebirgsjäger kann ich nicht gegen den König unterschreiben.‹ Ich erklärte meinerseits, daß der Nazifaschismus nicht mit meinen Vorstellungen übereinstimme und daß ich nichts von Rassismus hielt. Fosco und ich warfen uns von Ferne einen Blick zu und verstanden, daß wir die gleiche Entscheidung getroffen hatten, ohne uns vorher abgesprochen zu haben. Von diesem Moment an standen wir unter Polizeiaufsicht. Wir durften weder unser Haus verlassen noch telefonieren oder schreiben. Du bist mit einem Zweig Zitronengras zu mir gekommen, weißt du das noch? ›Riech mal daran, Mama, das tröstet dich‹, hast du zu mir gesagt.

Anfangs wollten sie uns trennen. Aber dann hat uns die Frau des Bürgermeisters von Nagoya, die Christin war, gerettet. Wer weiß, was passiert wäre, wenn sie euch in ein Heim für Kinder von ›Verrätern‹ gesteckt hätten: So nannten sie uns nämlich ganz verächtlich. Die Frau des Bürgermeisters von Nagoya sagte: ›Aber nein, sie müssen zusammenbleiben, man kann doch nicht eine Mutter von ihren Kindern trennen.‹ Und so kam es, daß wir nach den ersten Tagen in häuslicher Gefangenschaft abgeholt und gen Süden verfrachtet wurden.«

Aber das ist eine andere Geschichte, die sich nicht in den liebevoll geschriebenen Tagebüchern meiner Mutter findet, welche die florentinischen Schubladen meines Vaters durch Zufall wieder zutage förderten. Ich habe meiner Schwester versprochen, ihr die Erzählung dieser Geschichte zu überlassen. Folglich bitte ich meine Leser um etwas Geduld, bis die Fortsetzung der bis hierher verfolgten Ereignisse vorliegt: Es sind dies die einschneidenden, schmerzlichen Jahre im Konzentrationslager, der Krieg, der Alltag im Lager. Jahrelang habe ich selbst versucht, diese Geschichte zu erzählen, aber noch bevor ich überhaupt richtig anfing, habe ich bereits innegehalten, mit stockendem Atem, mit einem Gefühl der Scham und Bestürzung zugleich. Vor mir taucht plötzlich ein Mann ohne Gesicht auf, der eiligen Schrittes daherkommt. Und ich renne und renne, bis ich ein Fuhrwerk erreiche, und erzähle dem Kutscher von der schrecklichen Begegnung. Der wendet mir sein leeres Gesicht zu und sagt: »So wie ich?«

Der folgende Anhang enthält einen Großteil der Seiten aus den Tagebüchern, die Topazia Alliata während des Japanaufenthalts (1938–1941) geführt hatte. Fosco Maraini hat diese Tagebücher vor kurzem wiedergefunden und seiner Tochter Dacia gegeben. Das Bildmaterial wurde ergänzt durch Photos aus dem Familienarchiv.

Die von Topazia handgefertigte Skizze der Reiseroute nach Japan im Vorsatz des Buches stammt ebenfalls aus diesen Tagebüchern.

Das Bildmaterial wurde bearbeitet von Yoi Manili.

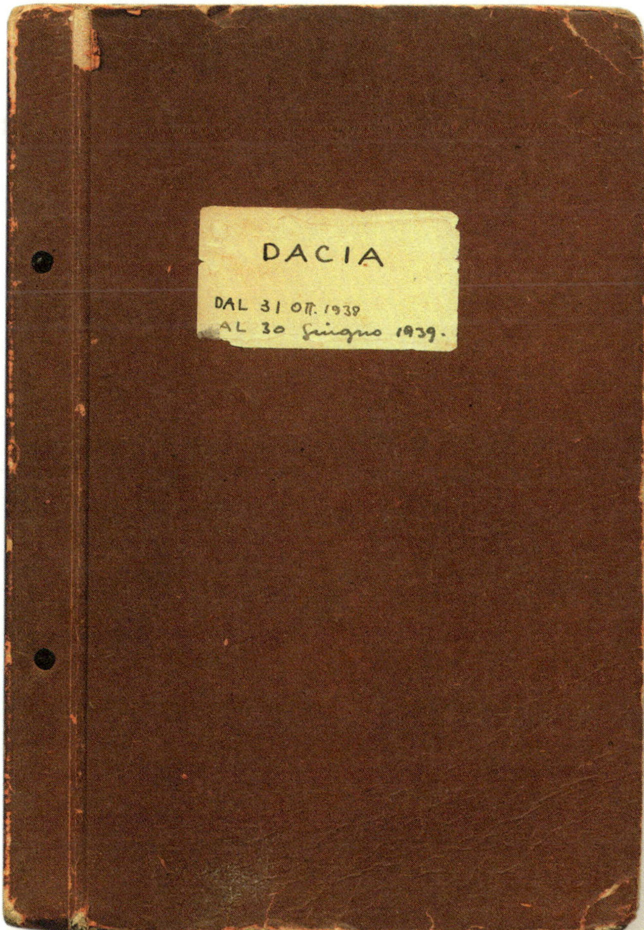
DACIA
DAL 31 Ott. 1938
AL 30 Giugno 1939.

31 Ottobre 1938.

C'imbarchiamo a Brindisi sul "Conte Verde" – La nonna ti ha portato a Dacia un cappottino grigio morello quasi moschino che le sta un amore.  La partenza è triste e siamo tutti stanchissimi. Dacia non ha dormito abbastanza ed è difficile e nervosa.

primi di nov.

1-2- fa ancora freschino. ma ogni ora meno – Non soffriamo il mare.

Porto Said – di sera – pioggia – Rosco non vuole scendere a terra per paura di infezioni. Io non voglio stancare Dacia così non scendiamo.

Colombo il 13 novembre
mattina - si sbarca tutti e tre
andiamo in giro in auto.
Io non mi sento bene - Dacia
è interessatissima ai "mim-
mini neri neri" e delle scimmiet-
te che pullulano i giardini pub-
blici - si diverte molto a dar
loro le noccioline.

24 nov. Shanghai.

dove resteremo una settimana.
Molti inviti – molte cose da
fare, persone da vedere. Biso-
gna lasciare Dacia all'hotel
con un "hama" – me ne man-
dano una tanto carina e
pulita – porta i pantaloni
blu scuro e il grembiule bian-
co. i capelli nerissimi lucidi
tirati tirati a nodo stretti
dietro – molti denti d'oro.
La carnagione dorata. Ha
un odore tutto suo – forte.

Shanghai – Kobe – sul piroscafo inglese "Corfù" – Si sta male in paragone al Conte Verde – Si mangia parsimoniosamente e bisogna attenersi agli orari con precisione – Io mi sento sempre piuttosto male –

Affido ogni tanto Dacia ad una cameriera inglese molto carina, pulita e metodica. Non credo che a D. piaccia molto!

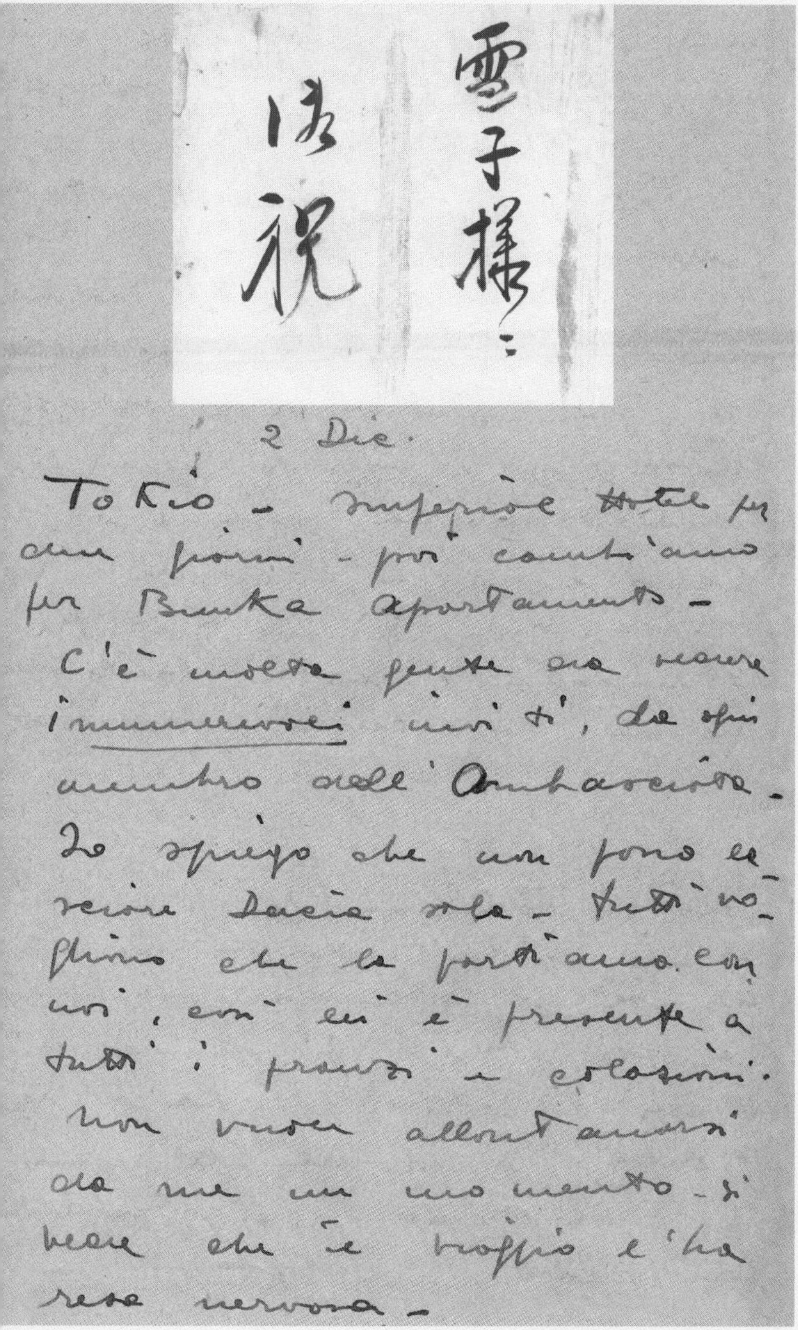

雪子様に

御祝

2 Dic.

Tokio – Imperiale Hotel per due giorni – poi cambiamo per Bunka apartments –

C'è molta gente da vedere innumerevoli inviti, da ogni membro dell'Ambasciata.

Io spiego che non posso lasciare Dacia sola – tutti vogliono che la portiamo con noi; così lei è presente a tutti i pranzi e colazioni.

Non vuole allontanarsi da me un momento – si vede che il viaggio l'ha resa nervosa –

una sera di "Kawaii, ne?" (carina, eh?) – È quasi imbarazzante – Tutti mi sorridono e mi sento come gli eroi che passano fra due file di cittadini di quali debbono sorridere e inchinare la testa –!! Ma il personaggio non sono io, ma Dacia –

憧れのエルム學園で『アイヌ民族』研究

マライニ氏、夫人帶同で來札

エルム學園に學ぶべく防共の友邦イタリーからはるばる若い民族學者が來札したイタリーフイレンツエ生れの醫學博士フオスコ・マライニ氏は數年前から日本語研究の計劃をたて日本に行つたならば世界の民族學界で謎と言はれてゐるアイヌ民族に就て研究するべくその日を樂みにしてゐたがその念願が叶つて去月日本に來訪した約二週間東都に滯在して十五日午後七時四十分の急行で愛兒とトパリオ夫人を同伴して來札したマライニ氏は快活な青年學徒で豪雪の札幌がすつかり氣に入り『素晴らしい雪だ 僕はスキーを持つて來たので早速山へ行きますよ』と愉快さうに語つた研究の方は醫學部兒玉作左衛門博士のもとで約三ケ月間學び退札しそれから日本各地を視察する豫定とある（寫眞は札幌驛着のマライニ氏と夫人愛兒）

alla staz. di Hakodate.

Tokio – Hakodate – SAPPORO

Viaggio stancante, lungo – Penso che Dacia, relativamente, è buonissima – Vuole percorrere in largo e in lungo tutto lo scompartimento e si ferma senza timidezza davanti a persone di ogni genere e a soldati e ufficiali in particolare.

SAPPORO

15. - Dic. 1938.

Ci aspettano al Grand Hotel. La città di sera - con poche luci, di cui alcune colorate, che si riflettono sulla neve abbondantissima - sembra uno scenario per una notte di Natale -

con rumorosi inni "qua qua qua qua"

Vengono dei giornalisti e fotografi – Buffo essere trattati come "personalità"! Dacia tiene così bene il suo rôle!

日本の文獻を伊太利語に飜譯

マライニ氏の抱負

【[illegible]報】アイヌ民族研究のため來札した盟邦イタリーの青年學徒フオスコ・マライニ氏(二六)は一年近く滯在する豫定なので目下グランド・ホテルに泊つて毎日借家探しに歩いてゐるが、同氏をホテルに訪へば、トパツイア夫人、愛孃ダアチヤさんと共にソファに深く腰掛け、上機嫌で語る

僕はアイヌ民族とその文化とをじつくり包括的に研究する心算でやつて來た、アイヌに關する日本人の研究はイタリーでは殆ど知られてゐないから、今から日本語を勉強し、日本人の助けを借りて日本の文獻をイタリー語に飜譯しお土産に國へ持つて歸る心算だ、僕は國際學生會奬學資金で二年間日本にゐられることになつてゐるから大體その前半は北海道にゐる、冬の間は北大醫學部解剖學教室の兒玉教授のところでアイヌ研究を續け、春から夏にかけては道内のアイヌ部落を廻る豫定だ、日本は今度始めてだが、東洋へは去年來たことがある、僕はフローレンス大學の自然科學科を卒業した後、有名な人類學のツチ教授の下で勉強してゐたが、昨年同教授と一緒にヒマラヤからチベット地方へかけて探檢旅行に來た、ヒマラヤの北スイキム地方でスキーを使つたのは僕

が世界で始めてだよ
ここまで語つた同君は急に窓の外

Grand Hotel · Sapporo
20-12-38

tutti sono così gentili con noi – Ci mettiamo in cerca di una casa – L'università ne ha giusto una disponibile, nella fila di costruzioni per insegnanti stranieri.

Il Prof. Kodama ci ~~porta~~ conduce a conoscere i futuri nostri vicini – Hecker e i Lane,

Kita 11. Nishi 5 – la nostra casa per forse 2 anni. Voglio assolutamente che sia pronta e pulita per Natale. Un va' e vieni di elettricisti, vetrai, tubai, stufai, ecc.

22-12-1938

Entriamo nella nuova casa il 22. Hecker comincia con quelle che poi apprendiamo sono le abitudini abituali con gli amici che gli piacciono.

Mandano dolci e bottiglie di roba buona. – fiori e mandarini!

Dopo due giorni – vigilia di Natale arrivano pacchi e pacchi piante e fiori per me, dolci, e giocattolini per Dacia. I Lane tovaglie, tazzine, portaoggetti – Siamo confusi — Questa gente è così estremamente cordiale e così accogliente che quasi ci sgomenta..

Noi mandiamo vermouth italiano e cestoni di frutta – e giochini per le piccole Lane.

Dacia ha avuto la sua prima "Xmas stocking"! La calzettina conteneva poco, ma ai piedi del letto ha trovato una <u>montagna</u> di scatole e scatoloni con ogni sorta di giocattoli – (Fortunatamente qui costano poco!)

Papà le ha comprato una bambola giapponese –

(Questa foto piace a Fosco e mi sembra orribile)

Dacia è bruttina, ma la bambola pure, io trovo!

e mamà le ha dato un paio di sci (il mio 1º) che inaugura subito - Però è più il divertimento di parlarne e trovarmeseli dietro, che di indossarli -!

dietro la casa

Si è levata i guanti, ma ha subito freddo a quelle manine che si gonfiano...

Quando papà o mammà aiutano Dacia sugli sci, lei si lagna come per scusarsi dicendo "papà, io non so ancora debbo imparare"_

Infondo è troppo piccola - arriva a fare solo qualche passo in pianura - Non insistiamo. Adora invece essere trascinata in slittino - E' più comodo!

primi gennaio 1939.

Comincio a parlare un pò d'inglese con Dacia che va imparando..

Le ho comprato il suo primo libro di Nursery Rhymes e glielo leggo traducendolo.

Impara subito "Jack Horne" che disse "Vat a gud boi em ai"! e dice "Dickory dickory dock" e qualche parola qua e là. Comincia a capire "shut the door" "some water please" "come here" etc. A parlare tutto il tempo in inglese l'imparerebbe subito —

Dacia occupa tutto il mio tempo poiché non mi vuole lasciare un minuto (mi segue anche al gabinetto!) e non si addormenta se non con me. A momenti mi avvilisco, ma spero forse cambiare abitudini – Adesso è ancora nervosa del movimentato viaggio interminabile –

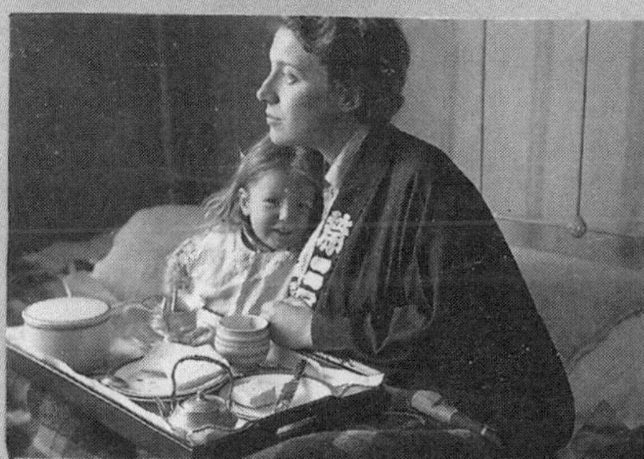

A tavola
Dacia mangia ora sempre da sola –

(serve Morisaka San)

28 gennaio 1939 -

Dacia va a scuola!

I primi giorni la porto io perchè ha un pò di paura "delle monachine col cappello", ma poi le piace sempre più e impara parolette, parole di giapponese

Vuole sempre mangiare la neve e papà si arrabbia

She loves to play
with the snow!
e vuole

"aiutare papà
a spalare la neve"
→

vuole infatti bene a Ko-chan che
ogni mattina l'accompagna e la va
a cercare alle 2. Ogni giorno si porta
la colaz. (sandwich di uovo duro, pom

dori - formaggio - e frutta. A scuola le danno una tazza di latte. Ma alle 2 quando torna ha sempre fame e 'Baba Jaga le dà quel che che capita - Io protesto, ma niente da fare!

Nel pomeriggio dorme

Marzo 1939.

PAPÀ

Breakfast

MAMÀ

Viali vicino la nostra casa. Nel pomeriggio Dacia esce un pô con mamà.

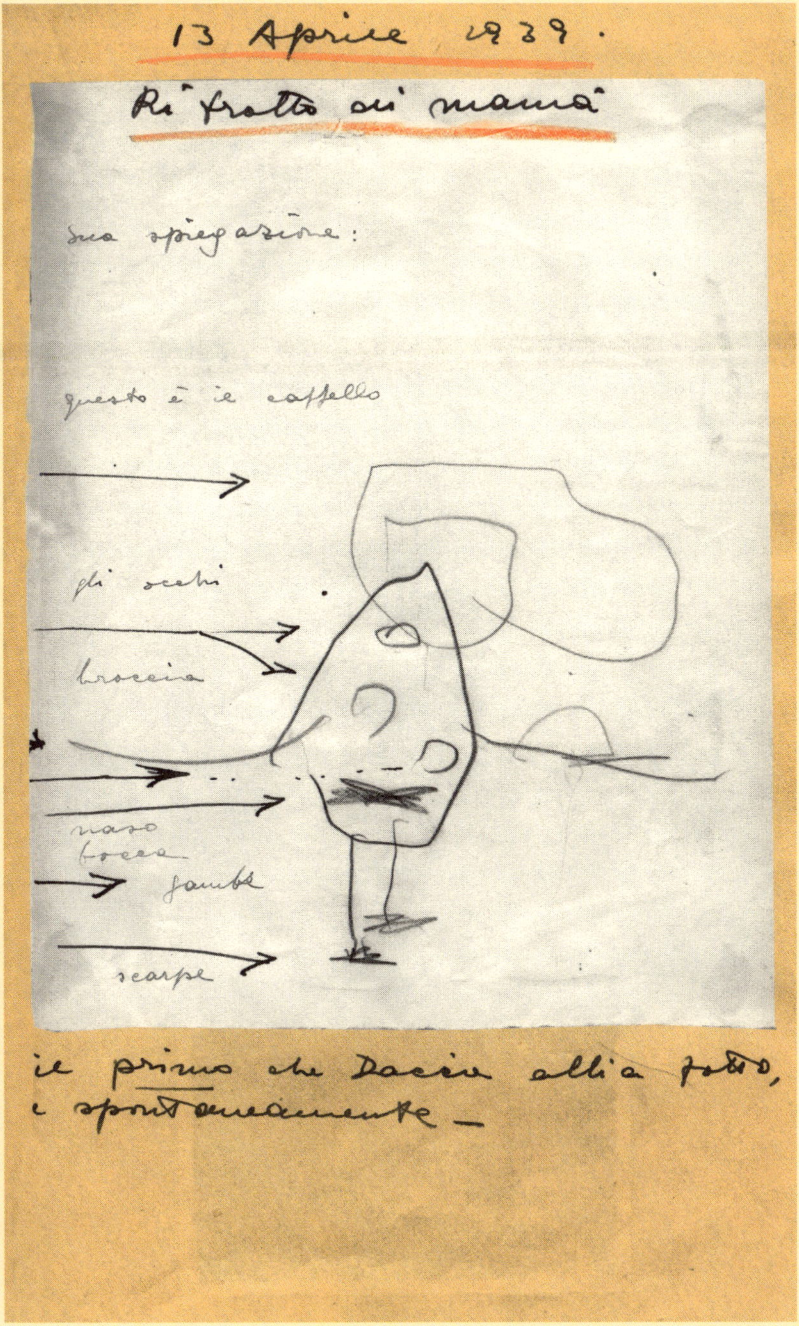
13 Aprile 1939.

Ritratto di mamà

sua spiegazione:

questo è il cappello

gli occhi

braccia

naso

bocca

gambe

scarpe

il primo che Dacia abbia fatto, e spontaneamente –

Marzo 1939. Moriyama

il 14 – maggio – festa del cherry blossom a Maruyama – prima andiamo a vedere la gente sui prati, sotto gli alberi, a centinaia, che mangiano e dormono – Quanti bambini sembrano strani animaletti neri. Dacia è felice di vedere tutto – compra dei dolci, una girandola. poi lasciamo la folla per mangiare su un poggetto – Mamma è enorme e un pò stanca – Dacia adora i "sanduicci"

28. 5. 39.

Dacia cresce - ogni giorno più ha un'espressione nuova - Spesso un faccino serio serio pieno di personalità. Ha un carattere forte - è testarda e insistente - cede il più delle volte dopo lungo ragionamento -

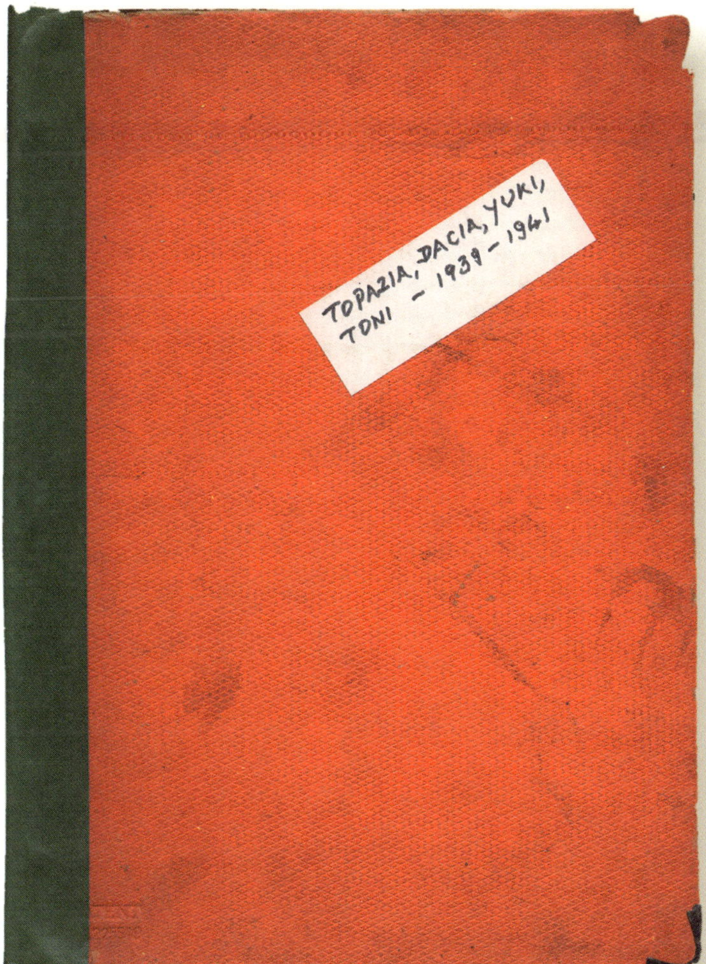
TOPAZIA, DACIA, YUKI,
TONI – 1939 – 1941

Il 10 Luglio 1939

---

alle ore 10.10 A.M. è nata Luisa Yukiko

peso Kg. 3,200
lunghezza cm. 53
brutta –
capelli: biondo scuro
occhi: lunghi stretti scuri
(grigio?)
naso: enorme
bocca: "
colore pelle: macchiato
piccolo segno arrossato sotto sopracciglio destro
papà e mamà
disillusi perché
non era maschio

—

l'indomani:
mamà sta bene.
Yuki ha poppato bene –
Dacia l'ha vista ne è
entusiasta – vuole prenderla
in braccio – vuole portarle
delle caramelle e vuole
portarsela a casa sua –!

presa da Tonesaka San in Agosto '41

anni 2 e 9 mesi.
non si può
Dacia
la monellona

Yuk
40 giorni
Felicitamo la nasci

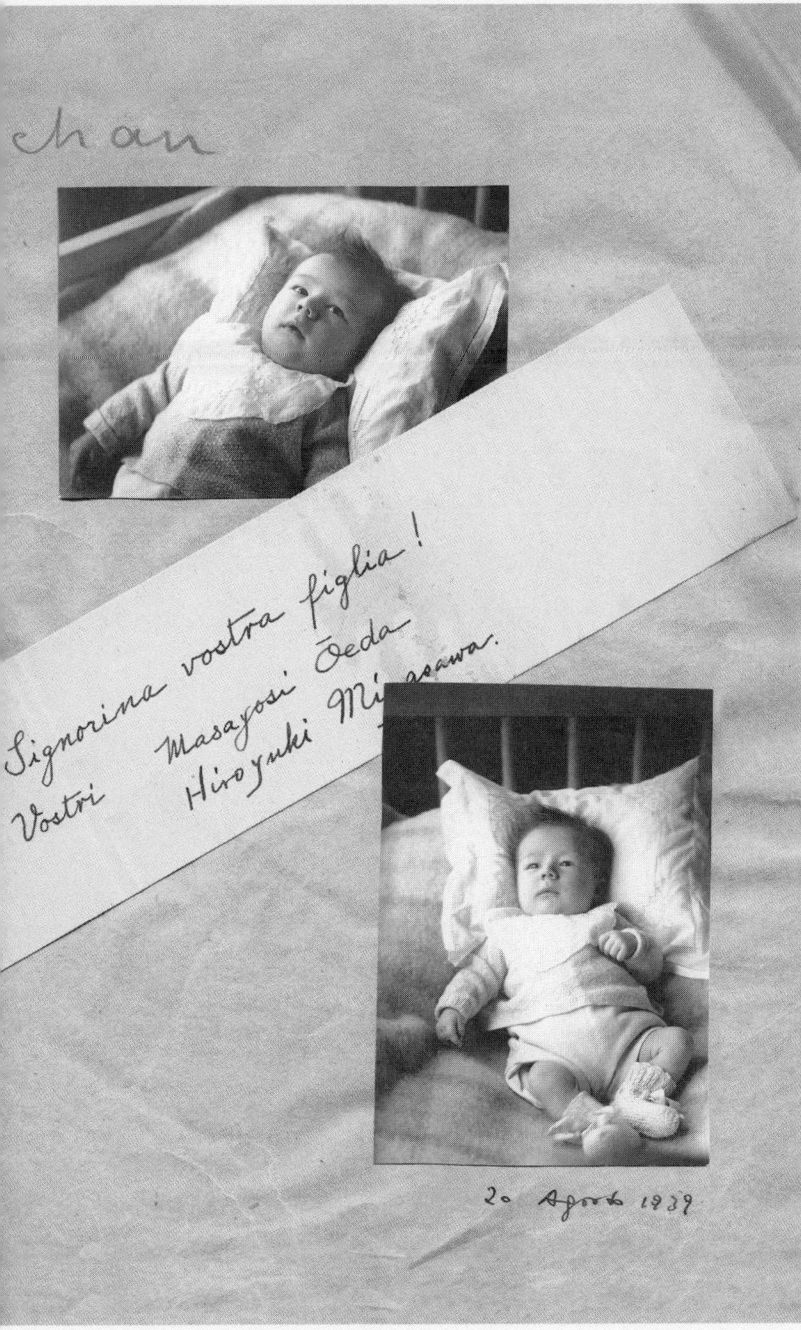
chan
Signorina vostra figlia!
Vostri Masayosi Ōeda
Hiroyuki Mi asawa.
20 Agosto 1939

Kushiwashite Ekashi
Nibutani – Ottobre 1939.

Questo vecchio Ainu ci fece l'onore di

Fosco e Topazia Maraini
sono felici di partecipare
la nascita della loro
Luisa Yukiko

"battezzare" Luisa Yuki secondo il rito A.!!
È così piccola, bianca, pulita, tenera fra quelle braccia pilose e lurione ... Però che simpatico bravo uomo!

una giovane madre giapponese

e

un giovane padre europeo

Dacia è un amore con Yukiko – Lei un pò piagnucolosa credo per il caldo che non se va affatto – nei giorni più freschi è subito differente –

10 Nov. 1939.

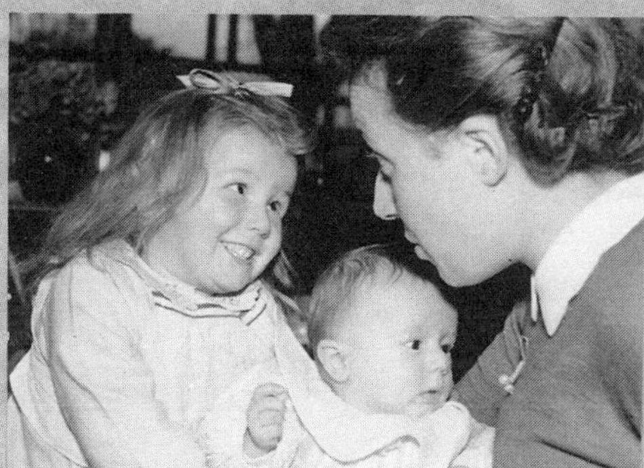

10. Nov. 1939.

i primi invitati –
Dacia apre i regali –

13 novembre 1939.

Dacia Tre anni.

tea party con i bambini:

2 - Do-Kay Jane
2 - Jin-Ko. Jan. Ho Jane
3 ragazze Hōiguchi
1 ragazzo "
2 " Takabeya
1 ragazza Kohn
1 " Takabeya

il bambino Ogura
i ragazzi Kodama
e i Kobayashi non potetti venire per raffreddori e scuola -

cake di carta con regalini dentro da tirare per mezzo di un nastrino ognuno, diver-tissimi tutti molto carini -

(da rifare)

Ricevuto molti regali - 2 paia zori, giochi, tea set, pelle, "o te dama" - drawing set, plastilina ecc -

Dacia eccitatissima - adesso è in grado di capire una festa - ospiti, regali ecc. dolce con candeline ecc -
Tutti molto "omoshirokatta"!

Yuki mamà papà Dacia

Sapporo – 10 Novembre 1939.

(uno più brutto dell'altro?!) –

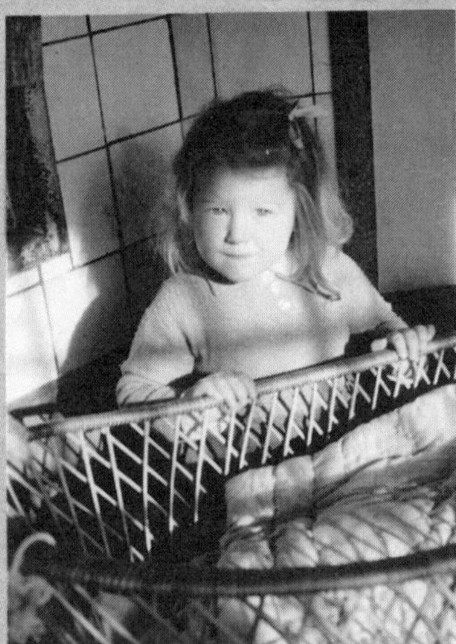

Dacia è un amore con Yuki – la dondola le parla – le tiene il biberon – .

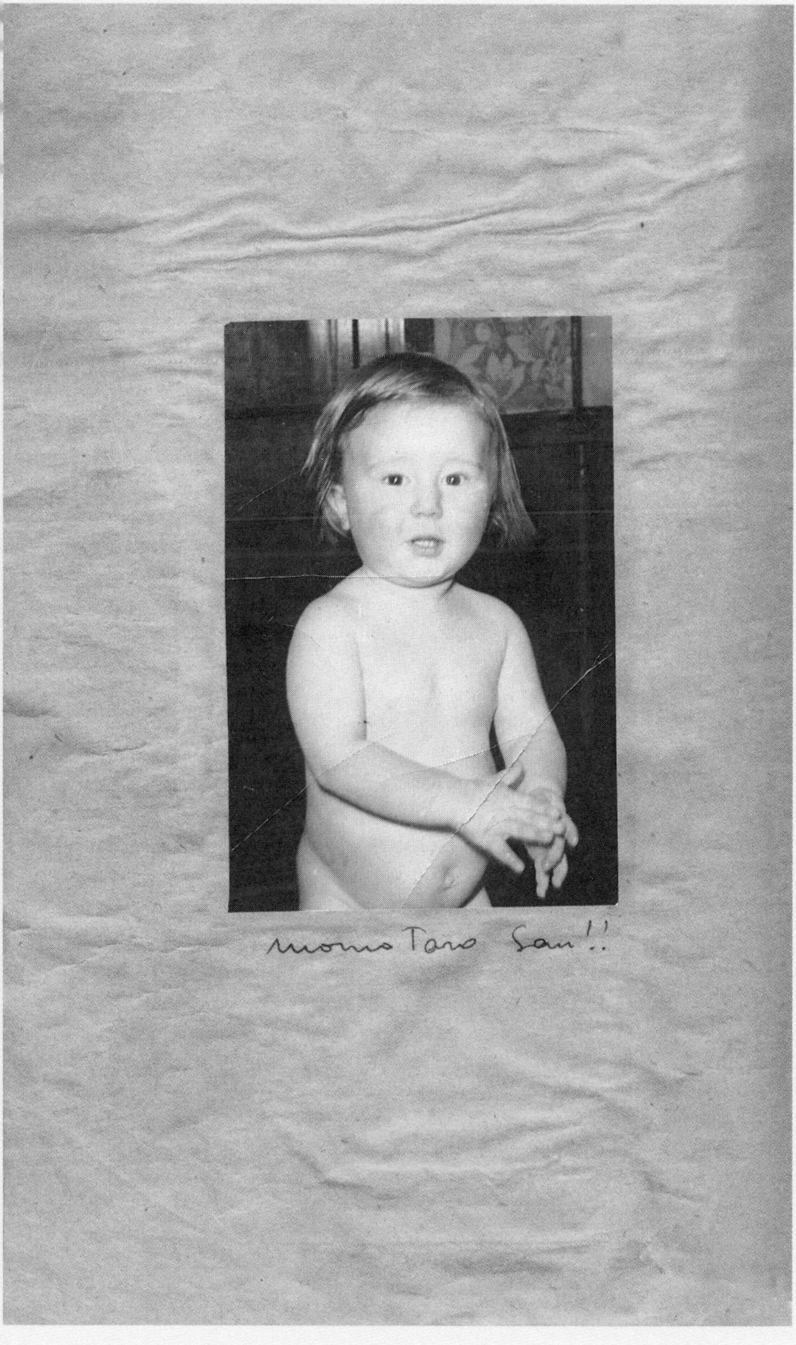
momo Taro San!!

D. va a scuola

Yuki

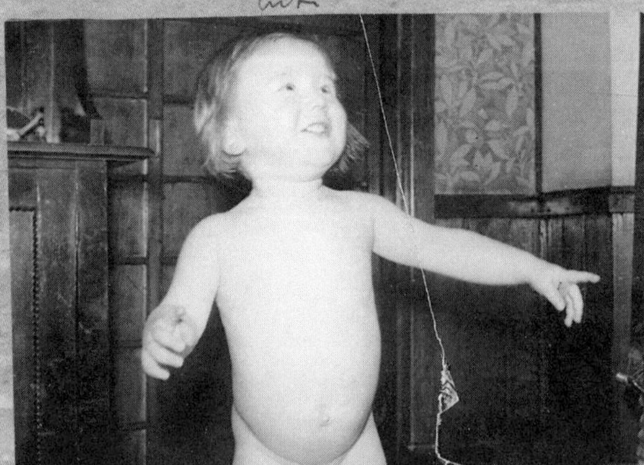

Che è permesso avere un simile "pon pon" ?!

Sapporo
Giugno 1940.
Dacia 3 anni 7 m.
Yuki 11 mesi

Maggio — ↑ Otaru — in casa Hoshino
Toshiko — Dacia Kimono (un pò grande!)
rosa rosso con obi giallo vivo — bellissimo
ultima foto coi capelli lunghi.

primi Febbraio 1940.

24 Febbraio – Luki ha detto chiaramente PAPA diverse volte – mamma solo 2 v. confusamente – (mesi 7 ½)

26/2 – L. pesa 7.600 netto. (40 Rata! – no more [illegible])
prende 5 v. al g. latte invece + 10 g. Pap

+ 1 mela cotta con zucchero e burro –
+ 1 Holivor –
+ succo mandarino
+ ogni tanto crosta pane (poco)

10 genn. Yuki 6 mesi – punta i piedi e sta in piedi tenendole le manine.

Adesso le do:

8 del mattino { gr. 60 latte di mucca (bollito)
" 60 acqua con 12 gr. Pattogen (6 cucchiaini) }

12 —— uguale – con succo ½ mandarino

4 —— uguale + un cucch. mele cotte passate – col cucchiaino –

8 sera —— uguale + 1 pastiglia Italina

12 " —— uguale –

4 A.M. spesso si sveglia e le do un altro pasto. se dorme lo salta –

Ogni tanto le do da masticare una crosta di pane duro – le piace assai – ha molta salivazione e vuole tutto morsicare – (sempre stitica non so ancora [illegible])

È un tesoro – buona, calma, sempre sorridente e silenziosa –

14 GENNAIO 1940

S. Dazio,
vescovo di Milano dall'a. 552 — B. Odorico Mattiussi da Pordenone (Udine) (sec. XIV).

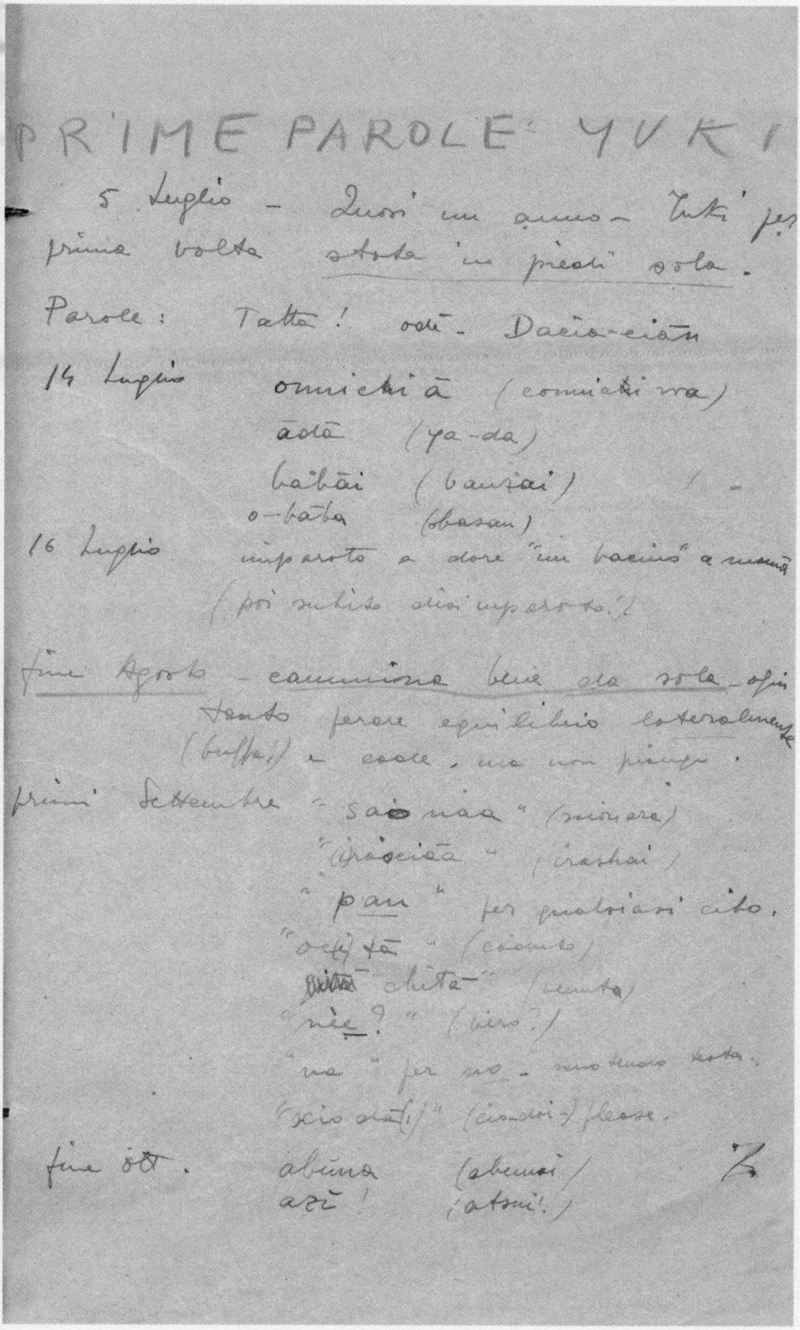

PRIME PAROLE YUKI

5 Luglio – Quasi un anno – Yuki per prima volta stata in piedi sola.

Parole: Tatta! oatt – Dacia-ciān

14 Luglio omnichi ā (comnichi wa)
āotā (ya-da)
baībāi (banzai)
o-baba (obasan)

16 Luglio imparato a dare "un bacino" a mamā
(poi subito dimenticato!)

fine Agosto – cammina bene da sola – ogni tanto perde equilibrio lateralmente (buffo!) e casca, ma non piange.

primi Settembre "saiōnāa" (saionara)
"irasciatā" (irashai)
"pan" per qualsiasi cibo.
"occhitā" ([illegible])
"chita" (venuta)
"nee?" (vero?)
"na" per no – [illegible]
"scio dati!" (cioè dai –) please.

fine ott. abūna (abunai)
azū! (atsui!)

Azalee

Maggio 1941
Shokubutsu En – (giardino botanico)
"in gita con mamma"

"il laghetto con i "pio pio""

Maggio '41

tutte due in Kimono sono un amore

le figlie di Takahashi San
con Yuki.

15·4·41.

← Yuki (ombra)

il laghetto nel magnifico giardino dello stesso Tempio Heyan Jingu.

Dacia. gennaio 1941.

D. alle prime armi!

Doris parla ogni tanto
italiano! bellissimo - con
ritorni giapponese. -
un giorno papà le ha detto
"Tetelle" e lei era [illegible]
"papà, brutta l'uomo!"

D. canta

papà – Sig. Pasquinelli (di passaggio) – mamma e Dacia

Nara – 23. 4. 1941

D. con Morioka san

Luglio 1941

Toni con Morioka san

Ogni tanto mamà porta le sorelline "moschini" (in città.) Programma: Dai Macy (department store) giocattolini – Yuki non riesce mai a capire se stessa cosa vuole – Dacia non vuole niente! (molto filosofa!) Cerca sempre qualcosa di molto nuovo, mai visto, exciting – e poi finisce per voler comprato un temperalapis o un fazzolettino colorato o un mulinino di celluloide che non serve a niente –

Poi gelato – poi ritorno a casa in autobus – stanche e soddisfatte.

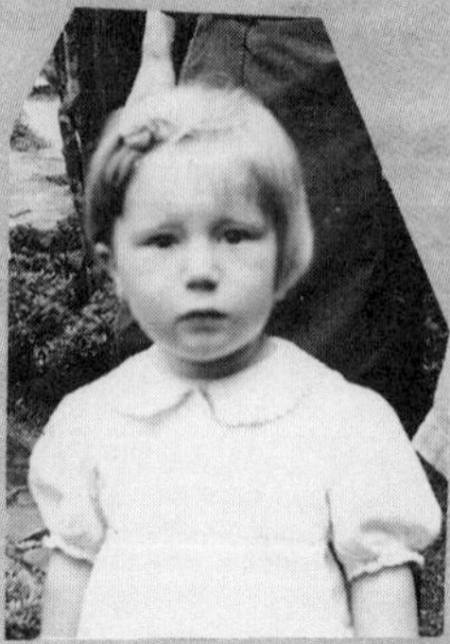

Tutti perché è espressione di bebè!

Papà andato a Tokyo – la sera mammà e Dacia vanno insieme a passeggio per le stradicciuole a godersi quel po' di fresco che si può – D. tesoro! vuole sapere tante cose e parla spesso dell' "akachan" che deve venire e che per ora è dentro l'onorevole pancino di mammà –

bellini loro due!…

D. ancora fare le cose "abemani"
"come papà"!!

7-17 Sett. mammà e papà a Tokyo bambine restano Kyoto. Da Tokyo telefonato spesso - Y. al telefono: "mocci, mocci, mata oisci ne?" e Dacina assicura che sta molto buona - ci portano un <u>regalino</u>!

18 Sett. Yuki si ammala notte febbrone - difficoltà di respiro - gran paura difterite ma <u>non è</u>. 40.2.
è <u>angina</u>. guarisce il 22.

6 Sett. gita coi Ulakino e le bamb.
Sipp in autobus. sole forte.

papà e Dacia al scelto giuocano insieme -

Y. ha freddo
→

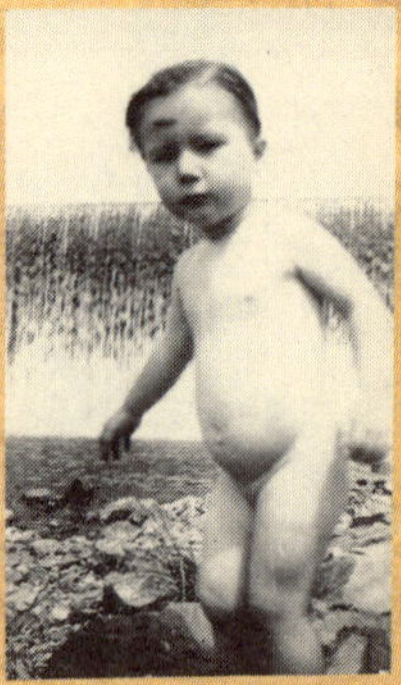

Agosto –
bagno nel tino, in giardino

un laghetto artificiale vicino
Kyoto. acqua freddissima, profonda

Inki 20 Ott. 1941.

Il Sig. S. Ogawa ci fa una foto –

To Maraini Esq.

18 Agosto –
Zenibako –

10 Settembre –

Arashigawa – fiume ...

Mentre Yuki-chan dorme nei morbidi soffici futon di casa Shimizu – papà, mamma e Dacia coi gli amici Shimizu vanno in giro per la campagna – mangiando meloni squisiti. afferrando libellule e finalmente fanno un magnifico bagno nel fiume vicino al Ramu – giornata magnifica di sole caldo e riso fuori misura.

INGRESSO ALLA PIAZZA
10 LUGLIO
Bene Arrivate!
CALDO
36°
…NZE - Piazza Vittorio Emanuele II.

(Tutino)

(Wick)